**주식은 모르겠고
투자는 하고 싶어**

초보부터 초고수까지 누구나 쉽게 따라 하는 ETF 투자법

주식은 모르겠고

투자는 하고 싶어

구혜영 지음

포레스트북스

투자는 선택이 아니라
필수입니다

제 본업은 금리를 전망하고 채권에 투자하는 일입니다. 금리는 돈을 보유하는 기회비용을 백분율(%)로 표시한 것으로, 금리가 낮을수록 돈의 값이 떨어지고 돈을 보유하는 기회비용이 커집니다. 반면 금리가 높아지면 돈의 값이 높아지고 돈을 보유하는 기회비용이 작아집니다. 그러므로 금리가 낮을 때는 현금보다 자산을 가지고 있어야 그 가치를 보호받을 수 있습니다.

금리가 돈의 값과 기회비용을 결정하다 보니, 금리의 수준과 방향은 자산 가격을 평가할 때나 자산배분의 방향을 정할 때 중요한 잣대가 됩니다. 그리고 자본 조달 시장에서 자본을 어떻게 끌어들이고 어디에 투자할 것인지를 결정하는 기준이 됩니다. 이에 기관 투자자든 개인 투자자든 투자를 하지 않는 사람이든, 대부분 사람은 일상적인 판단부터 금융과 관련 있는 문제에 이르까지 알게 모르게 금리를 기준으로 많은 선택을 하고 있습니다.

만약 적금이나 예금만 들어도 이자가 연 5% 이상 따박따박 들어온다면, 굳이 잘 알지도 못하는 주식에 위험 부담까지 떠안아 가며 투자할 필요가 없겠지요. 또한 금리가 높다는 것은 결국 성장률과 물가가 높은 수준을 보이는 환경임을 의미하는데, 이때는 임금 상승률도 덩달아 높아지기 때문에 근로소득만으로도 일정 부분 부를 형성할 방법이 생겨납니다. 따라서 고금리 환경이 유지된다면, 우리는 굳이 위험을 보유할 필요가 없고 투자에 그다지 어려움을 느끼지 않아도 될 것입니다.

그런데 우리는 앞으로 상당 기간 저금리 기조 속에서 살아갈 가능성이 큽니다. 단기적으로는 변동성이 확대되면서 금리가 오를 수도 있겠지만, 장기적인 기조에서는 저금리라는 굴레를 벗어나기 어려워 보입니다.

저금리가 장기화되면 세상의 많은 부문에서 사다리가 끊어지는 고통을 더 크게 느끼고, 고통에 신음하는 사람도 더 많아집니다. 저금리 기조가 유지된다는 것은 성장률도 제자리, 물가도 제자리, 임금 상승률도 제자리라는 것을 의미하기 때문입니다. 이런 여건에서는 일자리를 늘리는 기업 수는 적어지고, 일자리가 줄어드는 기업 수는 많아질 가능성이 큽니다.

이는 곧 적극적인 투자를 통해 부를 형성하지 않으면 상대적으로 빈곤해질 수밖에 없는 위험이 매일 커진다는 의미입니다. 최근 '벼락거지'라는 단어가 만들어진 것도 같은 맥락입니다. 자산을 많이 보유한 사람과 적게 보유한 사람, 그리고 부채가 늘어나고 있는 사람과 줄어드는 사람의 격차가 더 커지게 됩니다. 이것은 저금리 장기화가 초래하는 가장 무서운 위험인 '양극화'의 단면이기도 합니다.

한편 저금리가 장기화되는 사회에서는 고용의 개념도 달라집니다. 특히 2020년 전 세계가 코로나19 팬데믹을 겪으면서 사회구조적 변화의 속도가 빨라졌고, 일자리에 대한 개념도 달라지고 있습니다. 선진국에서는 2000년대 후반부터 2010년대 초반에 경제위기를 겪으면서 정규직이 사실상 사라졌습니다. 미국을 예로 보면, 근로자 3명 중 1명은 프리랜서 형태로 일하고 있고 급여도 주급으로 받는 것이 보편화됐을 정도니까요.

정규직을 바탕으로 보장되던 안정된 삶을 살 수 있는 사람의 비중은 점점 줄어들고, 프로젝트별로 뭉쳤다가 흩어지는 프리랜서 또는 계약직 형태의 고용이 보편화될 것으로 보입니다. 미국에서는 10년 이상 누적된 고용 환경의 변화를 긱경제gig economy라는 단어로 정의하고, '직장이 없는 시대, 대안적 근로가 보편화된 시대'로 해석합니다. 우리 사회에서도 비슷한 개념으로 'N잡러'라는 표현이 있죠. 좋게 해석하면 여러 가지 일을 한 번에 하는 자유로운 고용 형태이지만, 나쁘게 해석하면 근로소득의 안정성이 완전히 무너질 수 있는 상황입니다.

그보다 더 무서운 위험이 남아 있습니다. 우리가 생각보다 오래 살 수 있다는 것입니다. 2019년 OECD에서 발표한 보건통계에 따르면 한국인의 평균수명은 83세입니다. 현재 연령대별로 앞으로 남은 수명(기대여명)에 대한 통계를 보면, 대부분 연령대에서 85세에 근접합니다. 그런데 83~85세가 많은 나이인가요? 주변의 80대 어르신들을 뵈면 상당히 건강하고 정정하시지 않은가요? 이 통계를 '평균 관점에서 85세 정도는 크게 무리 없이 산다'라고 해석하면, 실제로 우리가 살아갈 날들은 더 길다고 할 수 있습니다.

나이가 들어가는 축복 속에서 우리가 준비해야 할 것은 돈입니다. 결국은 돈이 가장 큰 문제가 되죠. 당신의 노후는 안전한가요? 장수의 위험, 즉 근로소득의 지속성을 보장받지 못하는 환경에서 돈을 쓰는 시간이 더 늘어나는 위험을 어떻게 대비하고 계신가요? 저금리가 장기화되고 자본의 격차가 자산의 양극화를 초래할 위험이 높아진 상황에서도 욜로YOLO를 외치며 '한 번뿐인 인생, 폼나게 살겠어'라고 생각하고 있진 않나요? 혹은 벼락거지를 벗어나기 위해 잘 알지도 못하는 자산에 위험한 투자를 하고 있지는 않나요?

채권에 투자하는 사람으로써 ETF에 대한 책을 쓴 이유가 바로 여기에 있습니다. 저금리가 장기화될 것으로 예상되는 상황에서 자본 형성에 밑거름이 되는 최소한의 가이드라인을 알려드리고 싶었습니다. 비록 제가 독자 개개인의 일자리나 근로소득 형성에 도움 되는 일을 할 순 없지만, 지난 14년간 금융 업계에서 쌓은 경험을 바탕으로 현재 우리가 직면한 위험을 알리고, 이제 더는 투자를 미루면 안 되는 이유와 노후 준비에 필요한 최소한의 정보를 공유하고 싶습니다.

저는 주식 전문가가 아닙니다. 어쩌면 이 책을 읽는 당신보다 개별 종목을 더 모를 수도 있습니다. 그런데 개별 종목을 모르면 투자를 할 수 없을까요? 주식을 모른다면 투자를 해선 안 될까요?

대부분의 보통 사람들에게 주식 투자는 어려운 숙제입니다. 생업에 하루 대부분의 시간을 쏟는 사람에게 개별 종목을 분석하고 업황에 대한 리서치 자료를 탐독하기란 결코 쉬운 일이 아닙니다. 자라온 환경이 금융에 대한 지식을 쌓기에 부족했을 수도 있고, 여러 가지 이유로 돈에 대한 관념이 부정적으로 잡혀 있어서 돈을 공부하는 것 자체가 왠지 불편하다고 느낄 수도 있습니다. 또는 투자에 대한 공부를 정말 열심히 하지만 시장 흐름과 맞지 않아서 실패를 맛보고 계신 분들도 많을 것입니다.

이런 다양한 여건의 사람들에게 무조건 철저히 공부하라고 하는 것은 어쩌면 너무나도 가혹한 요구일 수 있습니다. 진입장벽을 까마득히 높게 쌓아놓고 넘어오지 못하는 사람에게 더 큰 좌절을 안기는 과정일지도 모릅니다. 노력과 좌절의 반복이 결국은 양극화를 더욱 키우는 원인이 됩니다. 이제는 진입장벽을 낮추고 그 벽을 무너뜨리는 '실천'이 필요합니다.

이 책의 목표는 주식을 잘 몰라도 안전하게 투자할 수 있도록 돕는 것입니다. 저는 주식 전문가가 아니기 때문에 보통 사람들의 눈높이로 이야기를 나누고자 합니다. 그래서 이 책에서는 개별 종목에 대한 이야기를 하지 않습니다. 그 대신 투자를 미루게 되면 생길 수 있는 위험을 자세히 알려주고, 투자에 대해 오픈 마인드를 가지기 위해 기억해야 할 정보들을 정리한 후, 세상의 변화에 맞춰 장기적으로 투자할 수 있는 ETF를 소개하는 데 집중했습니다.

이 책에서는 안정적인 성과를 창출하는 데 도움이 되는 인컴형 ETF와 앞으로 수십 년간 일상생활에 보편적으로 활용될 혁신적인 테마 ETF

들을 소개합니다. 그런데 이 테마에 속한 기업들의 주가는 단기간에 2~3배가 넘게 올랐고, 사람들의 기대와 기업의 실적 전망에 따라 주가 변동성이 커질 위험도 안고 있습니다. 이런 상황에서 조급함에 단기적 수익을 좇으려 하면 그만큼 좌절감이 더 커질 수 있습니다. 붉은색 숫자에 현혹되기보다는 세상의 변화를 이끄는 기술이 우리 삶에 가져다주는 실질적인 가치에 집중하고, 그 안에서 자산 가치가 늘어나는 기회를 천천히 장기적인 시각으로 만들어야 할 때입니다.

우리는 투자할 때 눈으로 숫자를 보고 머릿속으로 합리적인 기준을 만들지만, 투자를 결정하는 그 순간에는 가슴이 시키는 대로 충동적인 매매를 실행하는 경우가 많습니다. 눈앞에 보이는 숫자가 점점 올라가면 추격하여 매수하고, 눈앞에 보이는 숫자가 하락하면 덩달아 매도하는 실수를 반복하는 것도 사실은 인간의 본능이 그렇기 때문이기도 합니다. 본능에 지지 않고 실수를 되풀이하지 않으려면, 시간이라는 함수를 충분히 활용해야 합니다. 충분히 긴 시간을 두고 차근차근 쌓아 올리는 노력을 기울여야만 비로소 투자의 가치를 누리게 될 것입니다. 이런 측면에서 개인연금을 ETF로 투자하는 것은 시간을 이기는 유익한 전략이 될 것입니다. 어려운 여건에서도 당신의 삶, 당신의 노후는 안전했으면 좋겠습니다.

차례

2부 ∼∼∼ SOLUTION:
정답은 ETF

3부 ──── HOW TO: 고정수익과 테마픽 분산 투자

1부

WHY

노력만으로는
부족한 현실

01

양극화와
불안한 노후

무너지는
중산층 사다리

△
△
△

우리는 보통 사람을 꿈꾸며 산다. 학교에 다닐 때는 열심히 공부하고, 직장에 취업한 후에는 성실을 최우선으로 묵묵히 일하며, 가정을 일군 후에는 가족의 든든한 구성원으로서 조용히 제 몫을 다하려 노력한다. 많은 것을 바라지는 않는다. 회사에서는 고된 노동에 걸맞은 보상, 일상생활에서는 가끔 질러주는 스타벅스 커피 한잔의 소소한 행복, 가정에서는 가족의 건강과 아이들의 웃음소리. 어쩌면 우리가 바라는 것은 그게 전부인지도 모르겠다.

그런데 안타깝게도 우리는 단군 이래 보통 사람으로 살기에 가장 힘든 시대를 보내고 있다. KOSIS(국가통계포털, kosis.kr)가 집계한 대한민국 중위소득 인구 비중에 따르면 우리나라 중산층 비중은 전체 인구의 52%

수준으로, 통계가 집계된 이후 중산층 비중이 가장 낮다.[1] 이처럼 중산층 사다리가 무너지는 과정에서는 보통 사람으로 살기가 쉽지 않다. 특히 경제적 측면에서 더더욱 그렇다.

한때 페이스북과 언론에서 뜨거운 이슈가 됐듯이, '국가별 중산층 기준'[2] 중 한국 중산층 기준은 상당히 놀랍다. 대한민국에서 중산층으로 분류되기 위해서는 '부채 없는 아파트 30평 이상 소유, 월 급여 500만 원 이상, 예금액 잔고 1억 원 이상 보유' 등의 요건을 충족해야 한다는 것이다. 하지만 여기에 나열된 내용들은 사실상 명확한 출처가 없다. 즉, 믿을 만한 내용이 못 된다. 그런데도 이런 내용에 씁쓸함이 느껴지고 가슴 한구석이 서늘해지는 것은 우리도 각자 마음속에 그 정도를 기준으로 받아들이고 있기 때문일 것이다. 나아가, 자신이 중산층에서 멀어지고 있다는 위기감을 느끼기 때문일 것이다.

2019년 OECD에서는 중산층이 몰락한다는 내용으로 보고서[3]를 발표했다. 보고서의 핵심은 '지난 10년간 중산층 근로자의 삶의 질은 낮아진 반면 상위층 소득과 부는 계속 증가했다'는 것이다.

이 보고서에는 한국의 중산층에 대한 데이터도 있다. 주어진 데이터를 간단히 요약해보면 '한국의 중산층 비중은 61%로 OECD 평균 수준이나, 향후 불균형을 초래할 수 있는 위험 요인(주택비 상승률, 교육비 상승

---

1   KOSIS에 따르면, 2019년 4인가구 중위소득 475만 원 기준으로 월간 237~712만 원의 소득을 가진 인구가 전체 인구의 52%다. 중위소득 인구 비중은 전체 인구 중에서 중위소득 기준 50~150% 구간의 인구 비중을 말한다.

2   머니투데이, "나라별 중산층 기준. 왜 한국만 그냥 돈이야?", 2013.8.13

3   OECD, "압박받는 중산층(Under Pressure: The squeezed Middle Class)", 2019.4

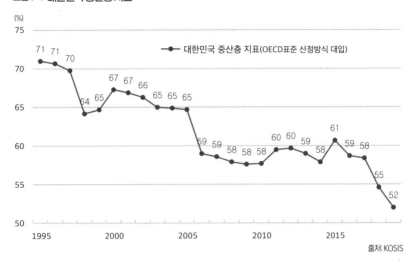

그림1-1 대한민국 중산층 지표

출처: KOSIS

률, 자동화로 인한 중산층 일자리 위협 수준 등)에 상당한 수준으로 노출되어 있다'는 결론이 나온다.

안타까운 것은 중산층 사다리가 붕괴하는 가운데 양극화가 심화되고 있다는 것이다. KOSIS가 발표한 소득분위별 적자가구[4] 비율에 따르면, 소득이 낮아질수록 적자가구 비율이 급격히 늘어난다.[5] 소득 5분위(상위 20%) 중에서 처분가능소득보다 지출이 큰 가구의 비중은 7%에 불과한 반면, 소득 1분위(하위 20%)에서는 50% 이상이 적자가구를 면하지 못하고 있다.

특히 2019년 1분기부터 추이를 보면 소득 1분위의 적자가구 비율은

---

4 적자가구는 처분가능소득보다 소비지출이 큰 가구(처분가능소득-소비지출 < 0)를 의미한다.
5 KOSIS의 발표에 따르면 2020년 3사분기 기준 전국 가구(2인 이상)를 대상으로 한 조사에서 소득 1분위 적자가구 비중은 50.9%, 2분위는 23.9%, 3분위는 14.8%, 4분위는 10.6%이며 소득이 가장 높은 5분위에서는 적자가구 비중이 7%에 그친 것으로 나타났다.

표 1-1 전국 가구(2인 이상) 소득 5분위별 적자가구 비율

(단위: %)

구분		전체	1분위	2분위	3분위	4분위	5분위
2019	1/4분기	27.9	58.6	30.0	21.8	18.9	10.4
	2/4분기	22.9	46.0	27.1	15.9	13.5	12.0
	3/4분기	23.0	49.8	24.9	17.2	11.9	11.3
	4/4분기	22.2	51.6	23.4	16.0	10.7	9.2
2020	1/4분기	22.7	53.0	24.2	15.9	12.8	7.9
	2/4분기	16.7	37.0	18.7	10.4	9.7	7.7
	3/4분기	21.4	50.9	23.9	14.8	10.6	7.0

출처: KOSIS

표 1-2 가구 기준 중위소득 통계표

(단위: 원)

구분	2015	2016	2017	2018	2019	2020	2021
1인가구	1,562,337	1,624,831	1,652,931	1,672,105	1,707,008	1,757,194	1,827,831
2인가구	2,600,196	2,766,603	2,814,449	2,847,097	2,906,528	2,991,980	3,088,079
3인가구	3,441,364	3,579,019	3,640,915	3,683,150	3,760,032	3,870,577	3,983,950
4인가구	4,222,533	4,391,434	4,467,380	4,519,202	4,613,536	4,749,174	4,876,290
5인가구	5,003,702	5,203,849	5,293,845	5,355,254	5,467,040	5,627,771	5,757,373
6인가구	5,784,870	6,016,265	6,120,311	6,191,307	6,320,544	6,506,368	6,628,603

출처: KOSIS

코로나19에 대한 정부의 재난지원금이 지급된 2020년 2분기를 제외하고는 50% 내외 수준에서 변동을 보이는 반면, 소득 5분위에서는 적자가구 비중이 꾸준히 줄어들고 있다. 이것은 지출을 크게 줄인 영향이라기보다는 처분가능소득이 늘어난 효과가 크다. 즉, 양극화가 심화된 것이다.

이렇듯 우리나라에서 중위소득 인구에 속하기는 점점 어려워지고 있다. 중산층이 중산층으로 머물러 있기 어렵고, 중산층 이하가 중산층으로 또는 중산층 이상으로 옮겨가는 것은 점점 더 어려워진다. 만약 중위소득보다 소득 수준이 낮아진다면, 사실상 적자의 굴레에서 벗어나지 못할 가능성이 크다.

우리는 계층 간 이동의 사다리가 무너지는 과정에서 과연 어디에 어떻게 속할 것인가를 진지하게 고민하고 철저히 대비해야 한다.

실질금리
마이너스 시대

△
△
△

2008년 금융위기 전까지만 해도 계층 갈등이 이렇게 심각하지 않았다. 그런데 금융위기 이후 특히 금융자산의 규모에 따른 계층 간 격차가 상당히 확대되고 있다. 2020년 이전에 집을 사지 못한 사람은 서울 아파트 중위 가격 9억 원 시대를 맞이해 망연자실하게 됐고, 2010년대 후반 미국 주식 FANGMANT(페이스북, 아마존, 넷플릭스, 구글, 마이크로소프트, 애플, 엔비디아, 테슬라)에 투자하지 않은 사람은 이제 애플 한 종목의 시가총액이 한국 코스피 시가총액을 넘어버린 상황에 탄식이 늘었다. 2020년 코로나19 사태 전후 주식과 금에 투자하지 않은 사람은 도대체 상황이 왜 이렇게 흘러가는지 애가 탈 뿐이다.

경제적 양극화 또는 자산 가격의 양극화가 심화된 데에는 금리 영향이 크다. 정확히 말하자면 초저금리의 장기화와 실질금리 하락 위험 때문이다. 금리의 방향성을 점검하고 저금리의 위험성을 파악한 사람들은 자산을 금리의 반대편인 부동산·주식·금으로 옮겨놓았을 것이고, 저금리의 위험성을 간과한 사람들은 예금과 적금 비중이 상대적으로 높을 것이다.

저금리 환경은 이처럼 투자하지 않는 게으름을 허락하지 않는다. 저금리 속에서 아무것도 하지 않고 은행에 저금해둔 현금의 가치는 매일 깎여나간다. 예를 들어 예금금리가 연 1%인데 연간 물가 상승률이 1%를 넘는다면? 예금을 통해 얻는 이자보다 물가 상승으로 인한 비용이 더 크다. 이는 실질적으로 당신에게 주어진 금리가 마이너스임을 뜻한다. 만약 당신에게 주어지는 금리가 적어도 플러스에 머무르게 하려면 연평균 물가 상승률보다는 기대수익이 높은 자산에 투자해야 한다.

그리고 저금리가 장기화되면 같은 액수를 모으는 데 더 많은 시간

그림1-2 2000년 이후 정기예금 금리 추이

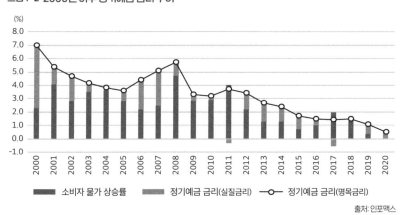

출처: 인포맥스

이 필요하다. 시간도 우리에게는 돈과 같은 가치를 가진다고 가정할 때, 저금리가 장기화되면 더 많은 돈이 있어야 같은 수준의 삶을 유지할 수 있다.

그런데 돈이 돌아다니지 못하고 어딘가 구석에 숨어 있다. 최근 경기개선에 힘입어 금리가 상승하고, 앞으로 수년간 유동성의 힘이 경기를 살리고 고용도 회복시키리라는 기대도 높은 것이 사실이다. 그런데 지난 금융위기 이후로 이 논리는 자산 가격 상승에만 정답으로 작용하고 나머지 부분에서는 그다지 효과를 거두지 못했다. 앞으로도 금리는 성장률이나 물가에 비해서는 낮은 수준에 머물 가능성이 크고, 실질금리는 마이너스가 될 위험이 커질 것으로 보인다.

돈의 회전을 확인하는 지표로는 크게 세 가지가 있다. 첫 번째는 통화승수, 두 번째는 요구불예금 회전율, 세 번째는 화폐 회수율이다. 그런데 세 가지 모두 유동성의 힘이 고르게 확산되지 못할 것임을 시사한다.

유동성이 정상적으로 작동하기 위해서는 가장 먼저 돈의 회전 속도가 빨라져야 한다. 그런데 본원통화(중앙은행이 발행한 화폐량) 대비 광의의 통화(M2, 단기성 자금의 형태로 시중에 돌아다니는 돈의 양), 즉 통화승수가 역대 최저치를 기록하고 있다. 발행한 통화량은 역대 최고치이지만, 돈이 돌아다니지 못하고 있다는 의미다.

요구불예금 회전율도 하락세가 지속되고 있다. 은행에서는 예금으로 위탁받은 자금을 바탕으로 대출을 한다. 그 사이에서 발생하는 금리 차(대출금리-예금금리)가 예대마진이다. 은행은 많은 대출을 유도해서 예금을 최대한 회전시켜야 한다. 그래야 예대마진을 높일 수 있고 은행의

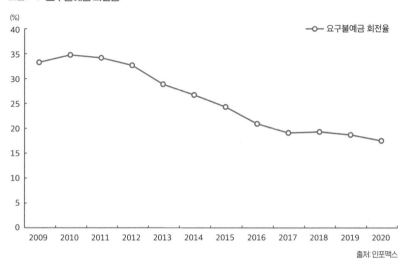

그림1-3 요구불예금 회전율

(%)

출처: 인포맥스

수입이 늘어난다. 그런데 월간 예금 평균잔액 대비 예금 지급액이 점점 적어지고 있다. 즉 경기부양을 위해 사용한 유동성이 은행의 예금에서 잠 자고 있다는 뜻이며, 은행에 돈을 맡겨놓기만 하고 찾아서 쓰지 않는다는 이야기다.

마지막으로 화폐 회수율도 점점 낮아지고 있다. 일반적으로 경기 불 확실성이 커지고 금융자산 변동성이 확대될 위험이 높을 때 사람들은 화폐를 금고에 쌓아둔다. 그래서 IMF나 금융위기처럼 위험이 높아지는 시기에는 공통으로 고액 화폐의 회수율이 낮아지는 현상이 나타난다. 그 런데 2020년에는 지난 위기들보다 고액 화폐의 회수율이 턱없이 낮았다. 우리나라의 고액 화폐인 5만원권은 발행된 이후 가장 낮은 회수율(25%) 을 기록 중이다. 이것은 사람들의 마음속에 불확실성과 불안감이 내재되 어 있음을 의미하며, 다시 얘기하면 누군가는 정말로 예상치 못한 위험이 닥쳤을 때 실탄으로 쓰기 위해 현금을 준비해두고 있다는 의미이기도 하다.

우리는 지난 10여 년간 경제 펀더멘털 대비 금융시장의 자산 가격 상승이 두드러지는 현상을 목격해왔다. 그리고 이번 코로나바이러스 확산 과정에서 공장 가동을 줄이고, 오프라인 영업점을 몇 주씩 폐쇄하고, 사람들의 이동을 최대한 제한하는 와중에도 주가지수가 사상 최고치를 경신해가는 모습을 봤다.

이처럼 경제와 자산 가격이 괴리되는 상황을 '금융심화financing deepening' 라고 한다. 앞서 언급한 통화 유통 속도, 요구불예금 회전율, 화폐 회수율 등을 고려하면 현재는 중앙은행이 공급한 유동성이 실물시장에 투입되기보다 자산시장에 투자되어 묶이는 현상이 심화되고 있음을 알 수 있다.

다시 얘기하면 자산을 보유한 사람과 보유하지 않은 사람, 자산 보유 규모 등에 따라서 상대적인 자산 효과가 발생할 것임을 시사한다. 이 위기가 언제 끝날지는 알 수 없으나, 그 과정에서 발생하는 자산 가격 상승의 혜택을 경험한 사람과 누리지 못한 사람의 차이는 더욱 벌어질 가능성이 크다. 즉, 양극화가 더 심화될 가능성이 크다.

실제로 소득분위별로 보유한 자산 구성을 비교해보면, 소득분위가 높은 계층은 금융자산과 부동산 보유 수가 많은 반면 소득분위가 낮은 계층은 금융자산 비중이 낮고 부동산 보유 수도 적은 경향이 있다.

종합해보면 저금리가 장기화될 위험이 있다는 것은 결국 투자를 해서 얻는 이익 또한 점차 감소한다는 것을 의미하고, 같은 액수를 모으기

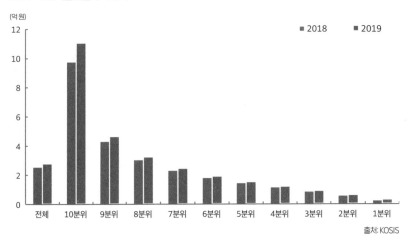

그림1-4 소득분위별 주택가액

(억 원)

■ 2018　■ 2019

전체　10분위　9분위　8분위　7분위　6분위　5분위　4분위　3분위　2분위　1분위

출처: KOSIS

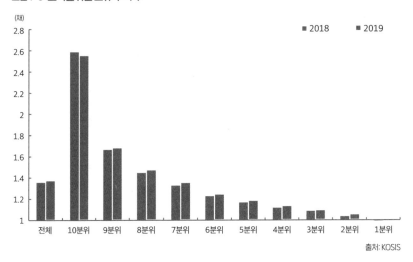

그림1-5 소득분위별 소유 주택 수

(채)

■ 2018　■ 2019

전체　10분위　9분위　8분위　7분위　6분위　5분위　4분위　3분위　2분위　1분위

출처: KOSIS

위해서는 더 많은 자본과 더 긴 시간을 투자해야 함을 의미한다.

　　당신은 같은 이익을 얻기 위해 어떤 결정을 하겠는가. 더 많은 시간을 들여서 노동을 할 것인가, 아니면 기대수익이 조금 더 높은 자산의 비

중을 높여서 적어도 당신에게 작용하는 금리가 마이너스는 되지 않도록
만들 것인가.

저금리 기조에서 우리는 반드시 선택해야 한다. 위험을 높일 것인
지, 아니면 시간을 더 오래 쏟을 것인지.

근로소득만으로는
부자가 될 수 없어

△
△
△

최근 뉴스를 보면 금리 상승을 염려하는 목소리가 많다. 경기회복이나 인플레이션에 대한 경계 의식, 정부와 기업이 늘려가는 막대한 부채는 결국 금리를 상승시키는 요인으로 작용할 것이다.

안타깝게도 앞으로 우리가 경험할 절대적인 금리 수준은 대출 이자 부담만 높일 뿐 예금이나 적금으로 자산을 형성하기에는 턱없이 부족한 수준에서 머무를 가능성이 크다. 조금 극단적으로 표현하자면, 저축으로 부자 되는 시기는 다시 오지 않을 것이다. 앞으로 금리가 오르더라도 우리는 여전히 저금리가 가져오는 부작용에서 벗어나기 힘들 것으로 예상되며, 특히 근로소득만으로는 자산 형성이 어려워지는 상황을 오랫동안 겪게 될 것이다.

우리가 창출할 수 있는 소득의 종류에는 크게 세 가지가 있다. 첫 번째는 근로소득, 두 번째는 이자 및 배당소득, 마지막은 투자소득이다.

근로소득은 당신의 시간을 돈으로 환산한 결과다. 매월 100만 원의 급여를 받기 위해 당신은 어느 정도의 시간을 들여야 할까? 우리나라 최저 시급 8,590원(2020년 기준)을 반영할 때, 근로소득으로 100만 원을 벌려면 월 116시간 이상을 투입해야 한다. 만약 월급으로 300만 원을 받고 싶다면 월 350시간을, 그 이상의 소득을 원한다면 그 이상의 시간을 투입해야 한다. 그런데 우리에게는 하루가 24시간으로 고정되어 있다. 잠자고 먹는 시간을 제외하고 평균적으로 최대 10~12시간을 일할 수 있다고 가정할 때, 근로를 통해 얻을 수 있는 근로소득은 상한선이 정해질 수밖에 없다. 물론 시간당 근로소득을 높이면 수입 총액을 늘릴 수 있지만 임금이 반드시 노력에 비례하여 늘어나지는 않는 것이 현실이므로, 결국 노동수입에는 시간이 가장 중요한 변수가 된다.

대한민국 중위소득을 근로소득만으로 얻으려면 하루에 몇 시간씩 일하면 될까? 당연히 시간당 임금 수준이 높을수록 하루에 투입해야 하는 노동의 시간은 줄어든다. 한국경제연구원의 자료에 따르면, 대한민국 상위 10%의 연봉 커트라인이 6,950만 원이고 근로자 전체 평균 연봉은 3,634만 원이다.[6] 이는 대부분 근로자의 시간당 평균급여가 1~2만 원 구간에 있다는 의미로, 하루 평균 12시간 이상은 일해야 중위소득 수준을

---

6   한국경제연구원 보도자료, "임금근로자 소득분위별 연봉 분석", 2019.9.23

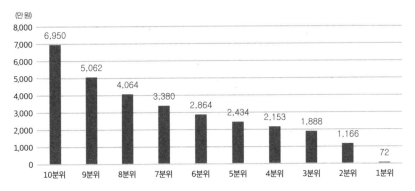

그림 1-6 연봉분위별 근로자 연봉 커트라인(2018년 기준)

(만 원)

※ 연봉분위는 상위 기준으로 나열. 상위 10%가 10분위, 하위 10%가 1분위에 속함   출처: 한국경제연구원

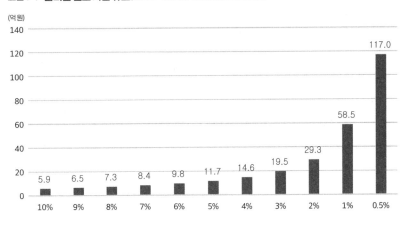

그림 1-7 금리별 필요 자산 규모(중위소득을 얻기 위해 필요한 자산 규모)

(억 원)

맞출 여유가 생긴다.

한편, 이자소득을 창출하기 위해서는 일정 규모 이상의 자산이 필요하다. 예금이자를 연 1%로 가정해보면, 매월 100만 원의 이자소득을 받기 위해서는 세전 기준으로는 예금 12억 원, 세후 기준으로는 14억 2,000만 원이 필요하다. 매월 100만 원의 배당소득을 받기 위해서는 코

스피200 지수에 포함된 기업들의 평균 배당수익률(2.17%)을 반영할 때, 세전 기준 6억 원 이상, 세후 기준 6억 5,000만 원어치의 주식을 보유해야 한다. 이자소득 및 배당소득을 얻고자 할 때는 결국 자본금의 규모가 가장 중요한 변수가 된다.

그림 1-8 생애 주된 직장(직업)에서 퇴직한 연령

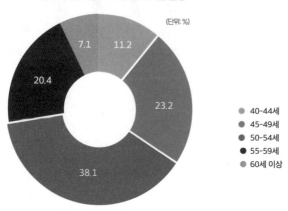

(단위: %)

- 40-44세
- 45-49세
- 50-54세
- 55-59세
- 60세 이상

출처: 하나은행 100년 행복연구센터

그림 1-9 금융자산 유형별 보유 여부

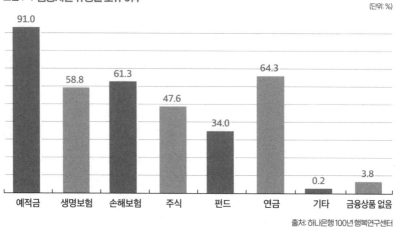

(단위: %)

출처: 하나은행 100년 행복연구센터

만약 지금보다 금리 또는 배당수익률이 상승해서 3%대가 된다고 해도, 월 100만 원의 이자 및 배당소득을 받기 위해서는 최소한 4억 원 이상의 자본금이 필요하다. 그런데 월 100만 원으로는 2인 이상 가구에서는 기초생활을 유지하기가 쉽지 않다. 그래서 조금 더 현실적으로 숫자를 대입해보았다.

2021년 대한민국 4인가족 중위소득은 약 487만 원이다. 예금금리 1% 시대에는 59억 원에 가까운 돈을 맡겨야 중위소득 수준의 이자를 얻게 된다.

하나은행 100년 행복연구센터에서 발간한 보고서에 따르면, 평균 퇴직 연령은 50대부터 시작한다.[7] 국민연금과 같은 연금 수령까지 최소 10여년 이상을 버텨야 하는데, 노후 준비가 충분하다고 응답한 40대는 8%에 그쳤다. 즉, 나머지 92%는 퇴직 후에도 새로운 형태의 소득 활동을 지속해야 하며, 만약 근로소득을 통해 수입을 형성하지 못하는 경우에는 생활에 어려움이 생길 위험이 크다.

한편 40대가 가진 평균 자산은 약 4억 원 정도다. 그런데 4억 원의 평균 자산 중에서 금융자산이 차지하는 비중은 턱없이 낮다. 금융자산 규모가 1억 원 이하인 비율이 55%에 근접하고, 그마저도 은행 예금과 같은 저금리 상품에 들어가 있다. 이 통계를 기초로 판단해보면, 퇴직을 최소 10년 이상 앞둔 40대의 경우 열심히 회사를 다니며 근로소득을 쌓는다고 해도 기존의 방식을 유지한다면 금융시장의 환경이 자산 형성에 어려움을 줄 가능성이 높다.

---

7   하나은행 100년 행복연구센터, "대한민국 40대가 사는 법", 2021.2.16

특히 물가 상승률보다 정기예금 금리가 낮게 형성되면 실질적인 금리 효과는 마이너스가 되므로 자산을 갉아먹을 가능성이 크다. 실제로 2011년과 2017년 실질 예금금리가 마이너스를 보였고, 2021년도 실질금리 역시 그다지 매력적이지 않을 것으로 보인다.

정신을 바짝 차려야 한다. 아무리 노력해도 좁힐 수 없는 경제적 양극화라는 현실의 벽이 당신을 기다리고 있을지도 모른다. 그렇기에 투자 소득을 늘리기 위해 최선을 다해야 한다.

커져 가는
노후파산 위험

△
△
△

　　　　　　　　　　　　　　　　인간의 평균수명은 빠르게 늘어나
고 있다. 평균적으로 30대 기대여명(남은 기대수명)은 2005년에 49.2년이
었으나 2019년에는 53.9년으로 늘었다. 50대 기준으로 본 기대여명은
2005년에 30.4년이었는데 2019년에는 34.8년으로 늘어났다. 70대 기대여
명도 2005년에 13.9년이었는데, 2019년에는 17.1년으로 늘어났다.[8] 지난
15년간 발전한 의료 기술보다 앞으로 10여 년간 발전할 의료 기술이 훨
씬 진보적일 것임을 고려하면, 기대여명은 더 늘어날 것이 자명하다.

　　그런데 오래 사는 축복은 의료비 앞에서 무너질 수 있다. 2019년

8　　KOSIS, 기대여명표(2020년 12월 기준)

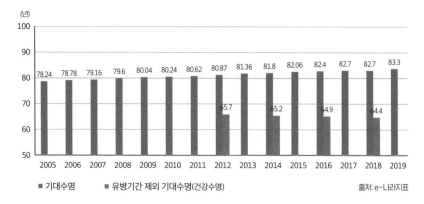

그림1-10 기대수명 및 건강수명 추이

■ 기대수명   ■ 유병기간 제외 기대수명(건강수명)   출처: e-나라지표

표1-3 연도별 기대여명 변동 현황

(단위: 세)

연령	2005년	2010년	2015년	2019년
20	58.9	60.7	62.5	63.7
25	54.0	55.9	57.6	58.8
30	49.2	51.0	52.7	53.9
35	44.3	46.2	47.8	49.1
40	39.6	41.4	43.0	44.2
45	34.9	36.7	38.3	39.5
50	30.4	32.1	33.6	34.8
55	26.0	27.7	29.1	30.2
60	21.7	23.3	24.6	25.7
65	17.7	19.1	20.3	21.3
70	13.9	15.2	16.2	17.1
75	10.6	11.6	12.4	13.2
80	7.8	8.6	9.2	9.7
85	5.7	6.2	6.5	6.9
90	4.0	4.4	4.6	4.8
95	2.9	3.1	3.2	3.3
100+	2.1	2.3	2.3	2.3

출처: e-나라지표

OECD에서 내놓은 기대수명표를 보면, 한국인의 평균수명은 약 83세다. 그런데 건강수명은 2018년 기준 64.4세다.[9] 건강수명, 즉 '질병이나 부상으로 고통받는 기간을 제외하고 건강한 삶을 유지하는 기간'이 길수록 장수는 축복이 된다. 그런데 현재의 통계상으로는 평균적으로 약 64세까지는 건강하게 살아도, 20년 정도의 남은 인생은 질병으로 고생할 확률이 높다. 실제로 e-나라지표 통계에 따르면 기대수명은 점진적으로 늘어나는 추세인 반면, 건강수명은 점차 낮아지는 추세다. 따라서 근로소득 없이 의료비용이 높아지는 시간을 최소 20년으로 생각하고 대비해야 한다.

사람이 평생 살아가는 동안 의료비는 얼마 정도 필요할까? 2013년 한국보건산업진흥원이 발표한 생애의료비 분석 자료[10]를 보면, 남자는 평생 약 1억 원의 의료비를 지출하고 여자는 약 1억 2,000만 원을 지출하는 것으로 나타났다(표 1-4).

평균 금액 중 연령대별로 사용하는 비율이 다른데, 40세 이전까지 전체 의료비의 약 20%만 사용되는 반면 40대 이후에는 80% 이상을 지출하게 된다. 특히 65세 이후에 필요한 생애의료비가 전체 의료비의 50~55%를 차지하는 것으로 나타났다.

GDP 대비 경상의료비 추이[11]는 의료비용에 대한 대비가 더 필요할 수 있음을 시사한다. 경상의료비는 보건의료 서비스와 재화의 소비를 위하여 국민 전체가 1년간 지출한 총액을 의미하는데, 2010년 대비 2019년

9   e-나라지표, 기대수명 및 건강수명 추이(2021년 1월 기준)
10   한국보건산업진흥원, "우리나라의 생애의료비 분포추정", 2013
11   국가통계포털, 보건복지부 "2017년 국민보건계정; OECD Health Statistics", 2019

표 1-4 연령별 1인당 생애의료비 및 상대 생애의료비(2013년)

(단위: 원, %)

연령	남자		여자	
	생애의료비	상대 생애의료비	생애의료비	상대 생애의료비
0	101,774,053	100.0	123,316,790	100.0
20	88,763,576	87.2	111,902,268	90.7
40	80,222,376	78.8	99,941,423	81.0
50	73,078,377	71.8	91,975,539	74.6
65	51,374,635	50.5	68,412,622	55.5
70	40,678,695	40.0	56,721,543	46.0
75	28,932,203	28.4	43,176,435	35.0
80	17,694,126	17.4	29,049,666	23.6
85	8,275,414	8.1	16,060,263	13.0
95+	520,448	0.5	1,534,278	1.2

출처: 한국보건산업진흥원

경상의료비가 약 2배 증가했다(표 1-5). 즉, GDP 상승을 고려하면 의료비 부담이 최소한 2배 이상 높아졌음을 의미한다.

경제 전체가 부담하는 의료비용이 약 10년간 2배 높아졌으니, 1인당 생애의료비도 2013년 도출된 금액의 2배 이상으로 산정할 필요가 있다. 즉, 현재 40대 남성이라면 남은 생애 동안 필요한 의료비용을 최소한 1억

표 1-5 연도별 경상의료비 변동 현황

(단위: 조 원, %)

구분	2010	2015	2019
경상의료비(GDP 대비 비율)	78.3(5.9)	110.3(6.7)	154(8)
정부, 의무가입제도(구성비)	47.7(60.9)	65(58.9)	93.6(60.8)
민간의료비(구성비)	30.6(39.1)	45.3(41.1)	60.4(39.2)

출처: 보건복지부, OECD

표1-6 국가별 GDP 대비 경상의료비 비중(2019년 잠정치 기준)

(단위: %)

OECD 평균	한국	영국	일본	프랑스	미국
8.8	8.0	10.3	11.1	11.2	17.0

출처: OECD

6,000만 원으로 잡아야 하고, 여자는 이보다 많은 2억 원 정도를 준비해야 한다.

경제적 궁핍은 마음 편하게 아플 권리, 치료받을 권리, 건강하게 먹고 잘 권리를 침해한다. 나이가 어릴 때는 돈이 없어도 패기와 열정으로 기회를 만들어낼 수 있지만, 근로소득을 통해 수입을 창출하지 못하는 연령대가 되면 경제적인 문제가 존엄성 문제로 이어진다.

고령화의 문제를 우리나라보다 일찍 겪은 일본의 사례를 보면, 노후 준비가 우리가 체감하는 것 이상으로 중요하다는 것을 실감할 수 있다.

『노후파산: 장수의 악몽』[12]은 NHK기획 이슈를 정리한 책으로, 노후에 최소한의 연금 생활도 보장이 되지 않은 사람들의 이야기가 담겨 있다. 책에 소개된 사례는 두 가지 유형으로 나뉜다. 하나는 보유한 예금을 조금씩 헐어가며 생활하고 있으나 의료비와 렌트비 부담에 점점 잔고가 바닥나는, 파산에 가까워진 사람들의 이야기다. 그리고 다른 하나는 정부의 보조금으로 생계를 이어가지만 건강이 악화되면서 사는 것이 말 그대로 악몽이 되어버린 사람들의 이야기다. 소개된 사연 중에는 특히 1인가구가 많았다. 젊은 시절 열심히 일하느라 가정을 꾸릴 시기를 놓친

12　가마다 야스시·이타가키 요시코·하라 다쿠야 저, 김정환 역, 다산북스, 2016

사람들, 가족을 일구었지만 관계가 원만하지 못해 사실상 1인가구가 되어버린 사람들, 배우자의 사망으로 혼자 남겨진 사람들이다. 이들은 노후 준비에서 취약계층이 될 위험이 높았다.

문제는 우리나라도 같은 길을 가고 있다는 것이다. 우리가 살아가고 있는 환경은 안정된 근로 기간은 점점 줄어드는 반면 수명은 오랫동안 유지될 가능성이 크다. 우리는 짧은 근로 기간에 긴 노후를 준비할 필요가 어느 때보다 절실한 시대를 살고 있으며, 만약 건강마저도 허락되지 않는 처지에 놓이게 된다면 상황은 더욱 힘들어진다. 또한 최근 수년간 빠른 속도로 늘어나고 있는 1인가구의 비중은 궁극적으로 노후 문제의 심각성을 더할 수 있다.

최근 주택연금제도에 대한 인식이 긍정적으로 바뀌면서 부동산을 통한 노후 준비를 계획하는 사람들이 많아졌다. 그런데 2019년 기준 통계 자료를 보면, 우리나라의 2인 이상 가구가 주택을 보유한 비중은 60% 이상인 반면 1인가구 중에서 주택을 보유하고 있는 가구주 비율은 30%에 못 미친다.[13] 그리고 2019년 기준으로 우리나라 가구주가 보유한 주택 가격의 70% 이상은 3억 원 이하다. 이는 주택연금을 활용하여 월 200만 원 정도의 생활비를 충당한다고 가정할 때, 집값으로 버틸 수 있는 기간이 최대 12년이라는 뜻이다.

만약 60대에 은퇴해서 주택연금으로 12년을 살았다고 가정해보자. 그러면 72세가 된 당신은 어디서 살 것인가? 기대여명이 100세에 근접

---

13   KOSIS, "2019년 개인 및 가구별 주택 소유 통계", 2020년 11월에 업데이트됨

하는 시대에 앞으로도 남아 있는 28년 이상의 시간을 어디서 보낼 것인지 대책을 세운 후에야 주택연금도 활용이 가능해질 것이다.

이제는 준비해야 한다. 노후를 위해 일정 부분 연금에 투자하는 것은 기본이고 나이가 들어도, 소득이 끊겨도, 혹시 모를 사연으로 혼자 남겨지는 위험에 노출된다고 해도 걱정이 없도록 자산의 규모 자체를 늘려놓아야 한다.

그림1-11 가구별 주택 보유율

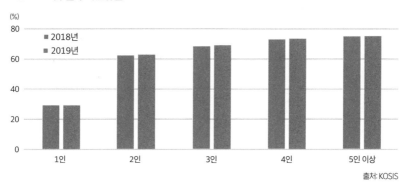

출처: KOSIS

그림1-12 소유 주택 자산가액별 가구 비율

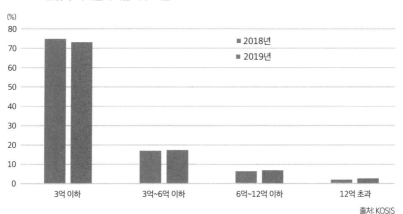

출처: KOSIS

지금 자신의 국민연금에 매달 얼마씩 납입되고 있는지, 가계 저축 중에서 연금저축에 얼마나 입금되고 있는지, 그리고 그 자산들이 어떻게 운용되고 있는지 점검해보자. 국민연금 홈페이지(nps.or.kr)를 방문하면 여기저기 흩어져 있는 자신의 연금자산을 한 번에 확인할 수 있는 메뉴가 있다. 이 자산들이 만 60세 이후에 또는 65세 이후에 얼마씩 보장되는지 시뮬레이션해보고, 준비가 부족하다면 지금부터 시작하자.

02

투자와
성장하는 노후

경제적 자유를
얻으려면

△
△
△

몇 년 전부터 FIRE_{Financial Independence,} _{Retire Early}라는 단어가 많은 사람의 목표가 되고 있다. 이른바 '파이어족' 이다. 있는 그대로 해석해보면 '경제적 자유, 조기 은퇴'인데, 이 두 가지 단어 사이에는 숨겨진 규칙 두 가지가 있다. 첫 번째는 경제적 자유와 조 기 은퇴는 반드시 교집합으로 이루어져야 한다는 점이고, 두 번째는 경 제적 자유는 조기 은퇴의 충분조건[14]이라는 점이다.

이에 우리는 조기 은퇴를 논의하기에 앞서서 '경제적 자유'를 어떻

---

14 A와 B라는 두 가지 이벤트가 있다고 가정하자. 충분조건은 'A이면 B이다'가 반드시 성립하는 관계를 말하고, 필요조건은 'B이면 A이다'가 반드시 성립되는 관계를 말한다. 경제적 자유(A)와 조기 은퇴(B)를 각각의 이벤트로 둘 때, 경제적 자유를 이루면 반드시 조기 은퇴가 가능하지만 조기 은퇴를 했다고 해서 반드시 경제적 자유를 얻는 것은 아니다. 따라서 경제적 자유는 조기 은퇴의 충분조건이지, 필요조건이 아니다.

게 얻을 것인가에 집중해야 한다. 경제적 자유를 얻는다면 조기 은퇴는 해도 되고 하지 않아도 되는 변수가 된다. 따라서 경제적 자유를 만드는 데 모든 에너지를 집중해야 한다.

경제적 자유를 얻기 위해서는 먼저 통제 가능한 변수와 통제 불가능한 변수를 구분하고, 노력만으로 모든 것을 해결하려는 무모함을 벗어나야 한다. 우리의 삶은 유한하고, 우리가 돈을 벌 수 있는 시간과 방법도 사실상 한정적이므로 시간과 노력을 효율적으로 분배해야 한다. 통제 불가능한 변수를 붙들고 애쓰는 것은 경제적 독립을 이루는 데 그다지 도움이 되지 않는다. 바꿀 수 없는 일에 시간을 쏟는 것은 오히려 기회비용만 키울 뿐이다.

노후에 대한 준비도 여기에서 출발해야 한다. 본질적인 현금흐름을 창출하는 데에는 반드시 우선순위가 필요하며, 근로소득에서 비롯되는 안정성 위에 금융소득을 쌓아야 한다. 순서를 바꿈으로써 노후를 위태롭게 해서는 안 된다. 미래의 수입 안정성을 위해 무리하게 저축을 늘리거나, 수입 대비 많은 금액을 연금에 장기간 묶어두거나 하는 식으로 현재를 과도하게 희생함으로써 미래를 보전하려는 노력 또한 결과적으로 부작용을 초래할 위험이 크다. 경제적 자유라는 큰 목표 안에서 현재의 수입을 늘리고 미래의 수입을 안정적으로 확보해야 한다.

사람마다 자신의 현재 수입을 늘리기 위해 통제할 수 있는 변수들이 있을 것이다. 어떤 사람은 시간에 조금 더 자유로울 수 있고, 어떤 사람은 공간에 조금 더 자유로울 수 있으며, 어떤 사람은 수단에 자유로울 수 있다. 각자가 활용할 수 있고 통제할 수 있는 변수를 파악하여 현재 수입을 늘리는 사이드 잡side job을 마련할 필요가 있다. 예상치 못하게 직장에서 해고를 당해도, 코로나바이러스처럼 예상치 못한 변수가 들이닥쳐서 사업에 문제가 생겨도 가족의 최소 생계비를 충당할 정도의 현금흐름은 있어야 미래에 대한 준비도 가능하다.

요즘처럼 플랫폼이 많아지고 콘텐츠가 범람하는 시대에는 나에게 맞는 사이드 잡을 찾거나 배울 방법이 많다. 예를 들어 크몽(kmong.com), 탈잉(taling.me) 같은 재능공유 플랫폼을 활용하면 자투리 시간을 활용해 소소한 프리랜서 프로젝트를 진행할 수 있다. 또한 자신이 가진 재능을 강의 또는 PDF 문서 형태로 공유하고 그에 대한 금전적 보상을 받을 수 있다.

만약 자신의 직무가 오프라인과 대면에 집중되어 있어 프리랜서 프로젝트 형태로 공유하기 어렵다면, 새로운 기술을 가볍게 익혀서 조금씩 직무 전환에 도전해보는 것도 한 방법이다. 패스트 캠퍼스(fastcampus.co.kr), 클래스 101(class101.net) 같은 사이트에서 새로운 직무 능력을 개발하는 데 도움이 될 다양한 콘텐츠를 확인할 수 있고, 기초부터 상당히 전문성을 요구하는 수준까지 해보는 것도 방법이 된다. 업그레이드할 수 있는 다양한 콘텐츠에 대해 상당히 높은 수준까지도 기술이 제공되고 있으니 도움을 얻을 수 있을 것이다.

조금 더 적극적인 방법으로는 온라인 플랫폼 안에서 자신의 콘텐츠를 직접 제작하는 것이다. 블로그에 글을 쓰거나, 유튜브에 영상을 올리거나, 인스타그램 또는 네이버 스마트스토어에서 온라인 마켓을 운영하거나, 전자책을 발간하는 등 어떤 방식이 됐든 자신의 능력을 활용하는 방법을 만들어갈 수 있다.

투자를 통해 금융소득을 쌓는 것은 그다음이다. 투자에 대한 공부를 하는 것은 평생토록 쌓이는 상당히 효과적인 노후 대비책이다. 투자와 노후 준비는 결코 따로 놀 수 없는 요소이기 때문에 투자 공부는 반드시 필요하다. 투자는 필연적으로 변동성을 동반할 수밖에 없고, 경제적 사이클과 금융시장 여건에 따라 상이한 결과를 가져올 수 있다. 따라서 장기적으로 달성하는 것을 목표로 두어야 한다.

최근 금융시장 열기가 높아지면서 금융 투자를 통해서 현금흐름을 높이려는 사람들도 많아졌다. 개별 종목 수익률이 하루에도 10%씩 왔다 갔다 하고, 종목만 잘 잡으면 며칠 사이에 주가가 2배 가까이 올라가는 경우도 왕왕 있으니 월급이 우습게 여겨지고 부업으로 쌓아가는 소소한 소득이 하찮게 여겨질 수 있다. 그런데 안정적인 금융소득을 쌓는 것은 안정적인 근로소득을 쌓는 것보다 어렵다. 왜냐면 약속된 근로소득이 줄어들 확률보다 주가가 하락할 확률이 훨씬 높기 때문이다.

근로 기간 중에는 거의 일정한 수입(근로소득)을 매월 꼬박꼬박 받는다. 연봉을 3,000만 원이라고 가정하고 올해 급여가 전액 지급될 확률을 90%, 2,000만 원만 받게 될 확률을 10%라고 가정해보자. 이 경우 연간 근로소득의 기대이익은 2,900만 원(3,000만 원×90%+2,000만 원×10%)이다. 안정적인 회사에 다니는 사람일수록 계약한 연봉을 받을 확률이 100%에 근접할 것이며 이 경우 사실상 기대이익과 연봉은 같은 수준이 된다.

한편 3,000만 원을 주식에 투자했다고 가정하고, 세 가지 경우로 나누어보자. 첫 번째는 사람들이 투자할 때 가장 바람직하게 생각하는 경우로, 주가가 오를 확률이 하락할 확률보다 높고 기대되는 상승률이 하락률보다 높은 경우다. 예를 들어 주가가 20% 오를 확률이 60%, 10% 하락할 확률이 40%라고 해보자. 기대이익을 계산해보면 240만 원(3,000만 원×20%×60%+3,000만 원×-10%×40%)이다. 두 번째는 주가가 오를 확률이 하락할 확률보다는 높으나 기대되는 상승률과 하락률이 같은 경우다. 즉, 주가가 상승할 확률은 높으나 기대되는 이익이 손실과 비교해서 크게 좋지 않은 경우다. 주가가 10% 오를 확률이 60%, 10% 하락할 확률이 40%라고 가정하면 기대이익은 60만 원으로 줄어든다. 세 번째는 주가가 오를 확률이 하락할 확률보다는 높으나 기대되는 상승률보다 손실률이 더 큰 경우다. 결과적으로 약간의 투기심리가 있어야 투자가 가능한 시나리오인데, 예를 들어 주가가 10% 오를 확률이 60%, 20% 하락할 확률이 40%라고 가정하면 기대이익은 -60만 원이 된다.

이처럼 근로소득은 특별한 변수가 없다면 약속된 연봉을 100% 가까이 받을 가능성이 크다. 반면 금융소득은 확률에 확률이 조합된 결과가 기대수익으로 주어지므로 주가가 오르거나 하락할 확률을 예측해야 하고, 오르거나 내려가는 수준에 대한 기댓값에 따라 그 결과가 다양해진다. 이처럼 투자는 예측의 불확실성과 기회비용을 동반한다.

그런데도 우리는 금융자산을 통해 미래를 준비할 수밖에 없다. 저금리와 양극화라는 두 가지 키워드가 사라진 유토피아가 아닌 이상, 안전한 근로소득을 바탕으로 투자를 통해 안전한 미래를 만들어가야 한다.

사람들은 주식 투자에서 여러 번 손해를 보면서도 주식 투자로 금융소득을 형성하는 일을 매우 쉽게 생각한다. 사람들에게는 주식에 투자할 때 반복하는 실수의 패턴이 있다. 그 행태는 다양하겠지만 실수의 공통된 이유를 명확히 인지하지 않으면 같은 실수를 무한히 반복할 가능성이 크다. 우리는 안정적인 미래를 위해 안정적인 소득을 형성하는 것을 목표로 하므로, 반복되는 실수의 실체를 파악하고 의식적으로 이를 피하기 위해 노력해야 한다. 사람들이 겪는 생각의 함정을 인지심리학에 기초해 분석해보면 다음과 같이 몇 가지 유형으로 정리할 수 있다.[15]

첫 번째 함정은 '투자 결정을 즉흥적으로 하는 것'이다. 사람의 사고에는 두 가지 방식이 작용하는데, 한 가지는 빠르고 무의식적으로 작용하는 선조체계(반사체계)이고 다른 한 가지는 신중하고 이성적으로 작용하는 숙고체계다. 보통의 상황에서는 숙고체계를 바탕으로 합리적인 선택을 하려고 노력하지만, 위급하거나 스트레스가 많다고 인식되는 상황에서는 충동적이고 직관적인 선택을 하는 경우가 많아진다. 이것은 인간이 예상치 못한 위험에 맞닥뜨렸을 때 일단 빠르게 대응함으로써 생존을 유지한 경험들이 진화를 통해 뇌에 축적되면서 나타난 결과다.

우리는 투자를 결정할 때 위기감을 느끼거나 스트레스를 받는 경우가 많다. 주가가 기어갈 때는 합리적인 숙고체계를 가동함으로써 주식을 사야 하는 이유와 팔아야 하는 이유를 고민하지만, 정작 그 주식의 가격이 빠르게 변동할 때는 이 상황을 스트레스 및 위기로 느끼고 대응하는 경우가 많다. 일테면 주가가 급등하는 주식을 추격 매수하는 경우가 그렇다. 이처럼 평소에는 무의식적으로 진행되는 선조체계에 결정을 맡기

---

15 『클루지』 개리 마커스 저, 최호영 역, 갤리온, 2008, pp.117~156

고 합리적인 근거를 바탕으로 여러 가지 계획을 세워가며 경제적 판단을 내리고자 노력하다가도, 정작 최종 결정의 순간에는 진화의 결과라는 덫에 걸리는 경우가 많다. 이를 극복하기 위해서는 예상과 달리 주가가 상승 또는 하락하더라도 위험 요인으로 느끼지 않도록 마인드 컨트롤을 해야 한다.

두 번째 함정은 '미래보다 현재의 소비에 더 가치를 두는 것'이다. 이것은 간단한 계산으로도 이해가 안 가는 반복적인 지출 행태와도 관련이 있다. 예를 들면 연 3%대 신용대출 이자를 갚아가면서 신용카드를 월급만큼이나 쓰는 행위, 매월 연 1%짜리 적금을 연체하지 않기 위해 카드값의 일부를 리볼빙(당월 결제 금액 일부를 다음 달로 넘기고 약 5~23%의 이자를 지급하는 결제 방법)하는 경우 등으로 상당히 흔히 볼 수 있다.

객관적으로 수익보다 비용이 몇 배 더 큰 비합리적인 선택을 반복하는 이유는 한겨울에 굶어 죽지 않기 위해 동굴에 식량을 쌓아두는 진화의 흔적이 작용한 결과다. 이처럼 눈앞에 보이는 위험은 물론이고 가까운 미래에 경험할 확률이 높은 미래에 대해서도 대비를 하지만, 정작 먼 미래는 추상적인 영역이다. 이에 먼 미래를 위해 지금의 배고픔을 희생해야 한다면 차라리 지금 배부른 것을 선택하겠다는 생존 본능이 경제적 판단에도 작용하는 것이다. 당장 올해 만기가 도래하는 적금에는 악착같으면서도 10년, 20년 뒤 미래를 위한 연금저축에는 인색한 것도 같은 이유일 것이다.

마지막으로 세 번째 함정은 '한번 내린 결정을 끝까지 고집하는 것'이다. 우리는 투자를 하면 그 결정에 맹목적인 믿음을 가지게 된다. '물타기'도 그중 하나다. 신중하게 투자 결정을 실행했는데 손실을 보면 그 믿음을 회복하기 위해 자금을 더 투자한다. 사실 이것은 자신의 의사결정에 대한 확신에서 비롯됐다기보다는 우리의 뇌가 날아간 비용에 집착하기 때문에 나타나는 현상이다. 그래서 주가가 하락한다는 정보를 인지하더라도 손실을 쉽사리 인정하지 못한다. 손실을 만회할 수 있는 확실한 대안이 생겼다고 해도 그 선택을 쉽게 하지 못한다. 왜냐면 뇌가 오로지 잃어버린 비용에 집중하기 때문이다.

이처럼 투자 과정에서 비합리적인 사고와 함정에 빠지는 실수를 반복하기에 경제적인 선택이 합리적 결과를 끌어내지 못하게 된다. 수명이 짧았던 과거에는 현재의 배고픔을 먼저 해결하고 가까운 미래만 대비하면 됐을 것이다. 그런데 지금은 수명이 길어져 예측하지 못한 위험을 경험할 확률이 높아졌다. 이제는 우리 생활에 녹아 있는 진화의 결과가 앞으로의 경제적 행동에 비합리적인 결과를 만들지 않도록 의식적으로 노력해야 한다.

위험을 먼저
관리해야 한다

△
△
△

개별 기업의 미래가치를 추정하기에는 세상이 너무 빨리 변한다. 그리고 대규모 소비자를 바탕으로 규모의 경제를 등에 업은 플랫폼들이 그 중심에 놓이면서 변화의 내용과 속도를 더 다양하게, 더 빠르게 이끌고 있다.

지금 주가지수의 상승을 지속하는 힘은 근본적으로 낮은 금리에 기반한다. 연준이 상당 기간 제로금리를 유지할 것이라는 기대, 위기 시에는 연준이 모든 자산을 사줄 것이라는 기대, 그리고 미 재무부가 재정완화 정책을 유지할 것이라는 기대가 작용하고 있다. 즉, 궁극적으로 유동성을 뒷받침해줄 것이라는 믿음이 증시 상승의 배경이 되고 있다.

핵심은 믿음에 있다. 연준과 재무부는 이 믿음을 저버릴 수 있을까?

경기가 정상적으로 회복되면 기준금리를 다시 인상하고 풀어놓은 유동성을 회수할 수 있을까? 만약 조금이라도 이런 변화의 조짐이 보이면 금융시장은 앞선 우려로 변동성이 확대될 텐데, 이를 감내하면서 정책을 되돌리려고 할 수 있을까?

당분간은 믿음이 믿음을 낳을 것이다. 그런데 믿음이 반복되고 확대되는 과정에서 금융시장은 괜찮을까?

코로나바이러스 확산 이후 금융시장이 급등한 것은 통화정책과 재정정책으로 실물시장의 영향을 선제적으로 막은 덕분이다. 위기의 출발이 실물시장의 과열도 아니었고 금융시장의 과열도 아니었다. 그래서 정책 조합이 만들어낸 유동성이 금융시장으로 몰린 것이다.

만약 어떤 시장에서 과열이 문제가 됐다면, 유동성을 공급하면서 그 위험을 수술하고 봉합하게 된다. 즉, 문제를 찾고 문제를 해결하는 과정도 동반된다는 뜻이다. 그러나 지금은 위험에 대한 징후를 정책적으로 그리고 선제적으로 막아냄으로써 문제 자체가 드러나지 않도록 유도하고 있다. 그 결과 경제는 자산 가격 상승이라는 포장지에 싸여 돈의 힘으로 팽창하고 있다. 자산 가격 상승이 언제까지, 어디까지 이어질지는 아무도 모른다. 앞으로 언제, 어디에서 문제가 터질지도 사실상 아는 사람이 없다.

우리는 당분간 유동성의 힘을 믿을 것이다. 그러나 막연하게 '좋을 거야'라고 기대하기보다는 실물시장과 금융시장의 괴리가 확대되는지 수렴되는지를 지속적으로 모니터링해야 한다. 만약 두 시장이 모두 확대된다면 실물시장의 회복도 같이 이루어지는지 금융시장만 상승세를 이어가는지 확인해야 하고, 만약 두 시장의 괴리가 좁혀진다면 금융시장의 상승이 둔화되면서 실물시장에 수렴하는지 또는 실물시장의 회복이 금융시장보다 높은 수준인지 확인해야 한다. 혹시나 두 시장 모두 둔화되는 것은 아닌지도 살펴봐야 한다. 이 시나리오들은 문제를 드러내는 방식이 각각 다르므로 상황별 투자 전략도 조금씩 달라져야 할 것이다.

이런 측면에서 2021년과 2022년에는 실물경제가 회복되는 속도를 면밀히 검토해야 한다. 기대보다 높은 성장과 빠른 고용개선이 나타난다면 인플레이션을 경계하는 전략이 필요할 것이고, 기대보다 낮은 성장과 더딘 고용회복이 나타난다면 주식과 같은 위험자산의 비중을 낮춰야 할 것이다.

우리가 대비해야 하는 최악의 상황은 금융시장의 붕괴가 실물시장을 다시 쥐고 흔드는 것이다. 역대 최고라고 이야기될 만큼 어마어마하게 풀린 유동성이 제대로 힘을 쓰지 못하고 실물시장을 위축시키는 방향으로 작용한다면, 그다음 정책은 어떻게 실행되어야 할까? 더 많은 유동성으로 밀어붙여야 할까?

현재 세계 전반적으로 부채비율을 높이고 있는 경제 주체는 정부와 기업이다. 즉, 정부와 기업이 일으키는 부채와 레버리지를 통해 경제를 살리는 것을 목표로 하고 있다. 그런데 만약 이러한 정책적 의도가 부작용을 가져온다면 또는 정부와 기업의 부채가 부실화되어 더 큰 문제가 발생한다면, 결국 그 위험은 가계로 전이될 수밖에 없다.

이런 측면에서 우리는 부채 또는 레버리지를 일정 수준 이내로 꾸준히 관리해야 한다. 기대수익을 좇아서 대출을 일으켜 주식에 투자하거나 또 다른 투기성 자산의 투자 비중을 높인다면 당장은 비용 대비 효용이 커 보이겠지만, 향후 되돌려지는 위험은 몇십 배, 몇백 배 더 클 수 있다.

빚을 지지 말고 투자하라는 말은 지금 시대에 상당한 기회비용을 떠안으라는 의미로 들릴 것이다. 하지만 빚을 내서 투자하는 시대에도 빚의 양은 관리해야 한다. 개인적으로 감당 가능한 레버리지 수준을 점검하고 그 범위 내에서 안정적으로 투자해야 한다.

그래야 위기도 기회가 되고, 기회가 또 다른 기회를 만들어준다. 위기에 같이 흔들리면 레버리지의 수준에 따라 곤두박질치는 위험을 감수해야 할 수도 있다. 위험도 기회만큼 가까이에 두고 관리해야 함을 반드시 기억하자.

2부

SOLUTION

정답은 ETF

03

이기고 시작하는
투자 전략

안정적인 수익을 달성하는
세 가지 단계

△
△
△

　　　　　　　　　　　　　　　　『손자병법』 군형편軍形篇에 '승리하는 군대는 이겨놓고 싸운다'라는 격언이 있다. 전쟁을 먼저 벌이고 승리를 구할 것이 아니라, 먼저 승리할 태세를 갖추어놓고 싸움을 벌이는 것이 최선의 승리라는 의미다. 특히 손자는 '전쟁에서 이기는 것은 적에게서 오는 것이고, 전쟁에서 지는 것은 나에게서 오는 것이다'라고 말하는데, 이는 궁극적으로 적이 이기지 못하게 함으로써 내가 이기는 구도를 만드는 것이다.[1]

---

[1]　손무 저, 유재주 역, 돋을새김, 2015, pp.73~76, 선승이후구전(先勝爾後求戰): 먼저 승리할 태세를 갖추어놓고 싸움을 벌인다. 선전이후구승(先戰爾後求勝): 먼저 싸움을 벌여놓고 승리하려고 한다; pp.68~70, 불가승재기(不可勝在己): 적이 이길 수 없게 하는 것은 나에게 달려 있다. 가승재적(可勝在敵): 내가 승리하는 것은 적에게 달려 있다.

투자를 할 때 먼저 주식을 사놓고 가격이 오르기를 기다리는 마음은 전쟁을 먼저 벌이고 승리를 구하는 것과 마찬가지다. 전쟁 중에 홀로 적진 한복판에 서 있는 것과 같은 상황이다. 이 상황에서 이기는 유일한 방법은 적들이 알아서 패배를 인정하고 전쟁을 끝내주는 것밖에 없다.

아무리 재능이 뛰어난 사람이라고 해도 적진 한복판에 홀로 서 있으려면 이길 수 있는 환경을 충분히 만든 후에 나서야 한다. 마찬가지로 아무리 투자에 밝은 사람이라고 해도, 확률적으로 승산이 있도록 충분히 구도를 설계한 후 투자에 나서야 한다. 금융시장 여건은 실시간으로 변한다. 그 안에 흐르는 본질을 정확히 인지하지 못하면 확률적으로 이길 수 있는 상황을 설계하기 어렵다. 그렇기에 '예측력'이라는 한계를 극복하는 방법으로 우리는 '시간'을 써야 한다.

세계 금융시장에는 신화와 같은 존재들이 있다. 워런 버핏, 피터 린치, 레이 달리오, 앙드레 코스톨라니 등 이름만 들어도 감탄이 절로 나오는 사람들이다. 투자자마다 전략과 전술은 다르지만 공통적인 성공 비법 한 가지가 있다. 바로, '안정적인 수익을 장기간 달성하는 것'이다.

최근 들어 투자를 시작한 사람들, 특히 2020년 코로나바이러스로 코스피 지수가 1400포인트까지 주저앉았을 때 주식 투자를 시작한 사람들에게는 '안정적인 수익'과 '장기간 달성한다'라는 말이 우습게 들릴 것이다. 시장이 '인생은 한 방이다' 또는 '괜찮은 종목 하나면 따블은 기본' 같은 문구에 더 적합한 모습이었기 때문이다. 평소에 무겁다고 평가받는 시가총액 상위 종목들도 이후 주가가 2배 이상은 올랐으니 충분히 그럴 만하다.

그런데 이렇게 변동성이 크고 수익률 변화가 드라마틱한 장은 자주 오지 않는다. 2020년에 그 기회를 잡았다면 당신은 엄청난 행운을 만난 것이었으며, 이제는 그간의 수익을 잘 지키고 조금씩 쌓아가는 데 목표를 두어야 한다. 또다시 그런 기회가 올 수도 있겠지만, 이제는 그 기회를 잡아내기가 쉽지 않을 것이다.

앞으로 우리가 경험할 금융시장은 그다지 녹록하지 않을 것이다. 인플레이션의 경로를 타고 자산 가격은 상승할 것으로 기대되지만, 변동성은 커지고 기대수익률은 낮아질 위험도 높다. 그렇기에 어느 때보다 안정적인 수익을 장기간 달성하기 위한 전략을 연구해야 한다.

시시각각 변하는 금융시장 환경에서 장기적인 성과를 꾸준히 달성하기 위해서는 시장을 이기는 기술이 필요하다. 어떤 상황에서든 원하는 목표수익률 이상을 거두기 위해서는 나에게 유리한 환경을 만드는 것이 우선이다. 돈을 용병 삼아 나의 군대가 금융시장에서 이기고 돌아올 수 있도록 몇 가지 룰을 세팅해보자.

이기는 게임에는 룰이 존재한다. 룰을 제대로 이해하지 못한 상태에서 게임에 참여하면, 우연히 몇 번의 승리를 얻을 수는 있어도 예기치 못한 상황에서 결국은 대패하고 만다. 따라서 최소한의 룰을 이해하고 승률을 높일 전략을 구성해 투자에 임해야 목표로 하는 수익률에 근접할 수 있다.

현인들을 통해 전수되어온 금융시장 승자의 규칙에는 공통점이 있다. 첫 번째는 '쌀 때 사서 비싸게 파는 것'이고, 두 번째는 '장기 투자하는 것'이며, 세 번째는 '달걀을 한 바구니에 담지 않는 것'이다.

먼저, 쌀 때 사서 비싸게 파는 룰을 생각해보자. '싸다'는 것은 미래 예상되는 현금흐름과 현재 해당 기업이 보유한 자산 및 부채를 모두 고려했을 때 미래에 기대되는 기업가치가 현재 시가총액보다 많은 경우를 말한다. 싸게 사고 비싸게 파는 것은 수익률에 절대적인 영향을 준다. 어떤 자산을 사더라도 싸게 사는 사람을 이겨낼 재간은 없다. 오죽하면 워런 버핏의 가장 중요한 투자 원칙이 '절대로 잃지 않는 것', 즉 무슨 일이 있어도 싸게 사는 것일까.

그러나 우리는 워런 버핏이 아니다. 잃지 않는 투자를 하려면 차라리 투자를 하지 않는 것이 나을 수도 있다. 따라서 우리 같은 보통 사람들은 이 룰을 조금 현실적으로 변형하여 기억할 필요가 있다. 그것은 '깨질 때 적게 깨지고 얻을 때 천천히 쌓아가는 것'이다.

사람은 진화하는 단계에서 작은 이익을 위해 큰 가치를 포기하는 과정을 무한히 반복해왔다. 그러다 보니 이익 앞에서는 마음이 조급해지고 손실 앞에서는 대범해지는 이상한 본성을 가지게 됐다. 예를 들어 당신이 유목 생활을 하는 사냥꾼인데 일주일 동안 가족들과 쫄쫄 굶고 있다가 우연히 덩치 큰 사슴 한 마리와 작은 토끼 한 마리를 발견했다고 해보자. 사슴은 사냥하기 어렵고 놓치면 토끼까지 도망갈 위험이 높은 반면, 토끼만 노리면 사냥 확률은 높일 수 있다. 이런 상황에서 사슴과 토끼 중 어떤 것을 선택하겠는가.

이익을 쌓기 위해서는 한 번에 큰 수익을 추구하기보다 여러 단계를 활용해 작은 이익을 쌓고 손실을 최소화하는 장치를 준비해야 한다. 안정적인 수익 달성을 위해 현실적으로 변형된 다음 세 단계 전략을 활용해보자.

첫 번째 단계는 위험이 노출될 만한 상황은 최대한 통제하는 것이다

당신에게 위험은 무엇인가? 이론적으로는 위험을 비체계적 위험과 체계적 위험으로 분류한다. 비체계적 위험은 특정 기업 또는 특정 자산이 가진 고유한 위험을 의미한다. 특정 주식 종목 또는 상품, 단일 국가에 투자함으로써 노출되는 위험이다. 이때는 그 기초자산과 반대되는 성격의 종목 또는 상품, 국가를 포트폴리오에 편입하면 된다. 이런 측면에서 ETF는 상당히 유용하다. 이미 포트폴리오가 여러 자산으로 구성되어 있기 때문이다. 즉, 비체계적인 위험은 분산 투자 또는 ETF 투자를 통해 없앨 수 있다.

한편, 체계적 위험은 시장위험이라고 표현하는데 아무리 분산해도 없어지지 않는 위험을 말한다. 체계적 위험은 헤지를 통해 없앨 수 있다. 시장 가격이 하락하는 위험에 대해서는 인버스Inverse ETF를 포트폴리오에 편입함으로써 상쇄할 수 있고, 변동성 확대 위험은 VIX ETF를 포트폴리오에 편입함으로써 상쇄할 수 있다. 즉, 체계적 또는 비체계적 위험은 ETF 투자 또는 ETF를 활용한 포트폴리오 구성을 통해 일정 부분 통제가 가능하다.

두 번째 단계는 이익을 보유하는 기간을 최대한 확보하는 것이다

모든 투자자의 마음속에는 인생 역전을 꿈꿀 만한 목표수익률이 있을 것이다. 어떤 사람은 연 100%일 수도 있고, 어떤 사람은 연 30%일 수도 있으며, 어떤 사람은 연 5%일 수도 있다. 그런데 목표수익률의 숫자가 작아진다고 해서 꿈의 크기도 작아지는 것은 아니다. 왜냐면 여기에는 그 목표수익률을 꾸준히 유지하면서 투자를 지속할 수 있는 시간이라는 함수가 숨겨져 있기 때문이다.

만약 연 5% 수익을 20년간 꾸준히 달성할 수 있다면, 당신의 자산은 투자를 시작한 시점보다 3배 가까이 늘어 있을 것이다. 그리고 연 5%의 수익을 40년간 꾸준히 달성한다면 당신의 자산은 7배 이상 커져 있을 것이다. 이렇듯, 낮은 수익률이라도 안정적인 투자를 장기간 성공하면 인생 역전이 가능하다.

연 5%의 성과를 거둔다는 게 결코 쉬운 일은 아니다. 전 세계 연기금 중 'TOP 5'에 속하고 우리나라에서 투자에 대해 가장 많은 정보를 받는 국민연금의 연평균 수익률이 5~6% 수준이다. 중요한 것은 절대적인 숫자가 아니다. 연평균 수익률을 안정적으로 장기간 유지한다는 것이 포인트다. 절대적인 수익률도 중요하지만, '시간'이라는 함수를 활용하면 결과가 완전히 달라진다는 사실을 반드시 기억해야 한다. 우리가 잘 아는 복리의 마법이라는 것도 결국은 시간의 함수에 의한 것이다. 따라서 이기는 투자를 위해서는 기대수익률을 시장 평균 수익률보다 낮게 잡고 시간을 최대한 길게 잡는 것이 현명한 방법이다.

세 번째 단계는 포트폴리오에 고정수익을 형성하는 것이다

말 그대로 'Fixed Income'을 확보하는 것인데, 포트폴리오의 일정 부분 이상을 채권 또는 배당으로 깔고 가는 것이다. 이것은 워런 버핏이 강

표 3-1 국민연금 2021년 기금운용 계획안

(단위: %, %p)

구분	2020년 말(A)	2021년 말(B)	증감(B-A)
국내 주식	17.3	16.8	△0.5
해외 주식	22.3	25.1	2.8
국내 채권	41.9	37.9	△4.0
해외 채권	5.5	7.0	1.5
대체투자	13.0	13.2	0.2
사모투자	4.1	4.4	0.3
부동산	5.1	5.0	△0.1
인프라	3.3	3.3	-
헤지펀드	0.5	0.5	-
금융부문 계	100.0	100.0	

출처: 국민연금

조하는 '잃지 않는 투자'의 기본이고, 기대수익률을 시장 평균보다 낮게 잡아도 시간을 두고 이길 수 있는 힘의 원천이 된다.

실제로 국민연금의 자산은 안정적으로 분산되어 있다. 2021년 운용 계획을 보면 전체 자산에서 주식(국내 및 해외) 비중이 42%, 채권(국내 및 해외) 45%, 대체 및 기타 13%다. 주식과 대체 및 기타를 주식형 자산으로 묶는다고 해도, 전체 포트폴리오의 45%를 고정수익을 제공할 수 있는 채권에 투자한다는 점에 주목하자.

싸게 사고
오래 투자하는 비법

△
△
△

주식의 가치를 평가할 때 가장 쉽게 접근하는 방법은 PERPrice to Earning Ratio, 즉 주가수익비율을 보는 것이다. PER은 주가를 주당순이익EPS으로 나눈 비율로, 주식 가격이 이익 대비 몇 배 정도로 평가받고 있는지를 나타내는 지표다. 배수가 높으면 고평가, 낮으면 저평가로 분류한다. 그런데 '높다'와 '낮다'의 기준을 어디에 두어야 할까? PER이 5배인 주식이 있다고 하자. 이 주식은 PER이 10배인 주식보다 저평가일까? 만약 어떤 주식의 PER이 50배라면 그 주식은 무조건 고평가일까?

PER처럼 주가의 상대적 비율을 산출하여 분석하는 지표들을 투자 이론에서는 '상대적 평가 기법'이라고 정의한다. PBRPrice on Book-Value

Ratio(주가순자산비율), PSR Price Selling Ratio(주가매출액비율), PDR Price to Dream Ration(주가꿈가치) 모두 마찬가지다. 상대적 평가 기법으로 산출된 숫자는 주관적으로 해석될 여지가 상당히 크다. 따라서 상대적 평가 기법을 바탕으로 주식의 가격이 싼지 비싼지를 평가하기 위해서는 반드시 '기준'을 짚고 넘어가야 한다. PER이 몇 배인지 숫자를 평가하기 앞서 반드시 그 기준이 어떻게 산출됐는지 점검해야 한다. 왜냐면 상대적 평가 기법은 해석도 주관적이지만 기준 자체도 객관적이지 않을 가능성이 크기 때문이다.

이에 대응하는 평가 방법이 '절대적 평가 기법'이다. 재무제표를 바탕으로 기업의 객관적인 가치를 산출해내는 방법인데, 상대적 평가 기법보다 기준이 객관적이고 팩트 체크가 확실하므로 평가 기준이 명확하다는 장점이 있다. 그런데 주의할 것이 있다. 절대적 평가 기법에도 주관적인 전망이 상당히 깊게 개입된다는 점이다. 절대적 평가 기법의 핵심은 미래에 발생할 것으로 예상되는 기업의 이익흐름을 현재가치로 환산했을 때 얼마만큼의 가치를 지니는지 평가하는 것이다. 그런데 당장 내년의 기업 이익흐름을 누가 알 수 있을까? 해당 기업이 과거에 보인 이익 성장 추세가 앞으로도 유지된다는 전망 또는 그것보다 매년 나아지리라는 전망이 과연 얼마나 합리적인지 의심해봐야 한다.

물론 이 숫자를 최대한 현실적으로 뽑아내는 것이 애널리스트의 역할이지만, 이 또한 해당 기업이 IR Investor Relations(기업설명회) 자료를 통해 주는 정보에서 플러스 또는 마이너스 알파를 더하여 감각적으로 뽑아낸 것에 지나지 않는다. 물론 이런 애널리스트의 의견을 평균적으로 모으면 최소한 대세에서 벗어나지는 않겠지만, 아쉽게도 증권사에서 애널리스트가 커버하는 종목의 수는 상장된 기업 수의 10%에도 채 미치지 못한다. 특히 지금처럼 해외 투자가 점차 확대되는 시점에서는 애널리스트를 통해 얻을 수 있는 정보의 양이 제한적일 수밖에 없다. 따라서 절대적 평가 기법으로 기업의 가치를 산정하는 데에서도 주관적 의견이 반영될 수밖에 없으며, 이것을 절대적인 기준으로 삼는 것이 합리적인지 수시로 점검할 필요가 높다.

이에 투자계의 현인들은 개별 기업 단위로 평가하는 숫자를 경제 전체로 환산하여 점검하기도 한다. 예를 들면 워런 버핏은 한 나라의 시가 총액을 분기별 GDP(국내총생산)와 비교한 숫자를 투자의 기준으로 삼는다. '한 국가에 상장된 기업의 가치는 결국 그 나라의 GDP에 수렴한다'라는 아이디어에서 출발한 것으로, 정교하지는 않지만 직관적인 평가를 하기에는 쉽다는 장점이 있다. 단, 해외매출이 많은 기업이 주가지수에서 높은 비중을 차지할 경우 오차가 커질 수 있다. 이 경우 자국민이 해외에서 발생시킨 수입까지 포함하는 GNP(국민총생산) 또는 GNI(국민총소득)로 비교할 수 있는데, 이 지표는 연간으로 발표되므로 시차가 크다.

미국의 경제학자이자 예일대학교 교수인 로버트 실러Robert Shiller는 CAPE 지수Cyclical Adjusted PE(경기조정주가수익비율)를 제시했다. PER의 기준인 당기순이익이 분기별로 변동성이 큰 경우가 많다 보니 이를 보완하기 위해 지난 10년간 평균 주당순이익을 기준으로 현재의 주가가 몇 배 정도인지를 평가하는 것이다. 비교군 설정 및 비교군의 PER 평가와 같은 한계에서 조금 자유롭기는 하나, 이 지표 또한 과거의 숫자를 가지고 평가하고 미래의 이익 성장을 대변하지 못한다는 점에서 기존 지표의 단점을 완전히 극복하지는 못한다.

재무제표를 잘 아는 사람이든 모르는 사람이든, '싸다 또는 비싸다'라는 평가를 위해 대입하는 가정에 대해서는 객관적인 시각을 가지기를 권한다. 분석을 할 때 가정에 가정을 더하는 작업은 기댓값을 과대평가하거나 과소평가하는 행위를 거치면서 본질을 흐리게 할 가능성이 크다. 상대적 지표든 절대적 지표든 참고는 하되 맹신해서는 안 되며, 참고하고자 하는 지표 안에서 객관적인 사실은 무엇이고 주관적인 전망은 무엇인지 나누어 살필 필요가 있다.

특정 기업의 주가가 싼지 비싼지를 정확하게 평가하는 것은 사실상 어려운 일이며, 투자에 적절한 타이밍을 예측하는 것은 더욱 어려운 일이다. 따라서 기업을 종목 단위로 평가하기보다는 군집화해서 생각하는 감각을 키울 필요가 있다. '이 종목이 이 정도 싸다!'라고 자신하기보다 '앞으로 이 업종은 뜬다!'라는 감을 살리는 데 에너지를 기울인다면 '싸다'와 '비싸다'라는 함정에서 조금은 더 벗어날 수 있을 것이다.

한편, 장기 투자의 기준은 무엇일까? 1년을 투자하면 단기 투자일까? 10년을 투자하면 장기 투자일까? 만약 1년 투자 성과와 10년 투자 성과가 같다면 무엇이 올바른 선택일까?

우리는 장기 투자에 대한 노이로제에 걸려 있다. '좋은 주식을 싸게 사서 오랫동안 묵혀두세요'라는 보편적이고 어려운 명제는 확률적으로는 투자 수익률이 플러스가 될 가능성을 높여주지만, 단기 투자보다 반드시 성과가 좋은 건 아니다.

코스피가 박스권에 갇힌 지 10년이 넘었다. 지난 10년간 코스피의 상승을 주도한 업종은 수시로 달라졌고, 그에 따라 해당 기업의 주식 가치는 상승했으나 시가총액 전체의 크기는 별로 달라지지 않았다. 반면 나스닥 지수는 지수 상승을 주도한 업종이 일관성을 유지하는 가운데 시가총액도 같이 커졌다. 어느 시장에 투자하고 있고, 그 시장을 구성하는 업종들의 변화가 어떤 속도로 나타나고 있는지에 따라 장기 투자의 기준도 달라져야 한다는 얘기다.

장기 투자의 기준을 '기간'으로만 판단해서도 안 된다. 장기 투자의 기준은 비즈니스 사이클로 이해해야 한다. 만약 투자하는 시장의 비즈니스 사이클이 빠르게 전환되고 있다면 투자의 시계열도 짧아질 필요가 있고, 비즈니스 사이클 전환 속도가 느리다면 투자의 시계열도 길어질 필요가 있다.

이를 위해서는 보유한 자산의 보유 기간을 정할 때 해당 종목이 속한 업종의 비즈니스 사이클이 어떤지를 정확히 인식해야 한다. 특히 경기 사이클이 비즈니스 사이클에 미치는 영향을 반드시 이해해야 한다. 전통적인 경기 사이클은 금리정책과 성장률 궤적에서 출발한다. 기준금리가 인하되는 시기에 강한 산업과 기준금리가 인상되는 시기에 강한 산업이 따로 있다. 또한 성장률이 상승하는 시기에 강한 산업과 성장률이 둔화되는 시기에 강한 산업도 따로 있다. 『주식시장 흐름 읽는 법』[2]이라는 책에서는 이를 주식의 사계절로 정의하고 계절별 금리와 실적, 주

2   우라가미 구니오 저, 박승원 역, 한국경제신문사, 2002

표 3-2 주식의 사계절

	장세 구분	금리	실적	주가	업종
봄	금융장세	↓	↘	↑	• 금리 하락 수혜주 • 업종 대표주 • 금융: 은행, 증권 • 재정정책: 토목, 건설 등
여름	실적장세	↗	↑	↗	• 소비 증가, 물가 상승 • 소재 산업 • 업종 순환 상승(로테이션)
가을	역금융장세	↑	↗	↓	• 경기활황, 긴축적 정책 전환 가능성 경계 • 실질이자율 상승, 수요 감소, 생산 위축 • 현금 비중 확대하는 시기 • 중소형 우량주, 저PER주
겨울	역실적장세	↘	↓	↘	• 실업률 상승, 금리 인하, 경기 부양책 • 재무구조가 우수하고 업종 내 순위 높은 기업에 분산 투자 • 내수 관련주, 자산주

출처: 『주식시장 흐름 읽는 법』

가 흐름을 분석했다(표 3-2).

좋은 주식을 싸게 사기 위해서 무턱대고 기다리는 것이 능사가 아니다. 지금의 계절이 무엇인지 판단하고 그에 맞는 자리를 제때 찾아가 다음 계절이 올 때까지 기다리는 것이 결국은 싸게 사고 오래 투자하는 비법이 될 것이다.

성장하는
산업에 투자

△
△
△

그동안 주식시장에서는 정보가 생명처럼 여겨졌다. 앞으로도 투자 관련 정보는 끊임없이 생성되고 소비될 것이다. 하지만 급변하는 사회에서 이제는 이른바 '대박 종목'을 통해 인생이 역전되는 사례는 많지 않을 것이다. 오히려 세상의 변화를 이끄는 기업들이 하나의 속성값을 바탕으로 군집을 이루어 집단적 수익 창출을 이룰 가능성이 크다. 따라서 업종에 대한 인사이트를 키우는 전략으로 투자를 실행하면 성공할 확률이 높아질 것이다. 앞으로는 개별 종목에 대한 공부보다는 산업에 대한 거시적 관점을 키우고, 그 테마를 중심으로 구성된 ETF를 선별하는 투자가 대세가 될 것이다. 즉, 장기적으로 투자의 성패를 좌우하는 것은 성장하는 산업을 이해하는 것이 된다.

그동안 투자를 할 때 우리가 겪었던 일상의 흔한 패턴 하나를 떠올려보자. 오랜만에 동창을 만났다. 학교 다닐 때 꽤 똑똑했던 친구인데 나이가 들어서도 변하지 않았다. 나는 뜻도 잘 모르는 경제용어를 영어로 읊어가며 지식 자랑하기 바쁘다. 처음에는 집중해서 들었는데 도무지 이해가 안 돼서 어느새 나는 멍을 때리고 있다. 이런 나에게 그 친구는 웃으며 이런 얘기를 한다. "내가 좋은 정보를 하나 들었는데 말이야⋯." 100만 가지도 넘는 이유를 갖다 붙이면서 그 종목이 좋은 이유를 설명해주었지만, 나는 도무지 이해되지 않는다. 기억도 나지 않는다. 다만 나의 뇌리에 깊게 박힌 한마디는 'XX기업'. 친구와 헤어지고 집으로 돌아오는 지하철에서 조용히 MTS(모바일 트레이딩 시스템) 관심 종목에 추가해둔다.

그리고 일주일쯤 지났을까. 바쁜 업무에 쫓기던 중 문득 그 친구가 생각난다. 솔직히 말하면 그 친구가 얘기한 'XX기업'이 생각난다. 별 기대 없이 관심 종목 리스트를 보는데 아뿔싸, 차트에 불이 붙었다. 그 며칠 사이 상한가도 두어 번 가고, 가격은 따블이 됐다. '역시⋯, 어릴 때도 똑똑하던 그 친구는 투자에도 귀재가 됐구나. 이 종목을 왜 진작 안 샀을까!' 후회하고 후회하며 가입해놨던 적금을 하나 깬다. 그리고 상한가의 염원을 담아 매수 주문을 클릭한다.

이 이야기의 결론은 중요하지 않다. 따따블을 얻었을 수도 있고, -50%에 손절매하고 나왔을 수도 있다. 중요한 것은 그 종목을 매수한 유일한 이유가 '똑똑한 친구의 추천'이었다는 점이다. 이런 패턴, 너무 익숙하지 않은가? 이 스토리의 주인공은 어제의 당신일 수도 있고 내일의 당신일 수도 있다. 부끄럽지만 애널리스트로 근무하는 나 역시 "누가 그러던데"라는 말에 귀가 팔랑거려 아기 코끼리 점보처럼 하늘을 날아다닐 때도 많다.

친구가 알려주는 정보는 왜 그렇게 솔깃할까? 주식시장에는 그들은 알고 나는 모르는 정보가 있다는, 즉 정보의 비대칭성이 존재한다는 믿음 때문이다. 시카고대학교 경제학과 교수인 유진 파마Eugene Fama는 '주식시장의 정보는 모두 가격에 반영되어 있으며 내부정보로 추가 이익을 얻을 수 없다'라는 효율적 가설을 입증해 노벨경제학상을 받았다. 그렇지만 우리가 살고 있는 현실에서는 내부정보가 초과이익을 줄 때가 많다. 상황이 이렇다 보니 정보의 비대칭성에 대한 불만과 더불어 '나도 내부정보를 알고 싶다'라는 욕망이 교차하는 지점에서 친구가 알려주는 '좋은 정보'는 나에게 온 기회로 인식될 수밖에 없다.

주식시장은 정말로 효율적일까? 솔직히 말하면 나는 그렇지 않다고 생각한다. 주식시장에는 정보의 비대칭성이 상당히 많은 부분 존재하며, 그것이 초과수익을 가져다준다고 믿는다. 그런데 여기서 기억해야 할 점이 있다. 정보도 정보 나름이라는 것이다. 내부자(또는 내부자에게 들은 정보를 전달하는 제3자)가 하는 말이 모두 정보가 될 수는 없다. 그 정보의 출처가 모호할뿐더러 전달되는 과정에서 오염됐을 가능성이 크다. 듣는 사람이 정보를 판별하고 골라내는 능력이 부족한 경우에는 아무리 많은 정보를 얻는다고 해도 잘못된 판단을 하면서 근거로 내세울 가능성이 크다. 차라리 모르는 게 나은 정보가 넘쳐난다는 말이다. 매매라는 것이 그렇지 않은가. 같은 정보를 가지고 파는 사람과 사는 사람이 동시에 있기에 주문이 체결되고 매매가 성사되는 것이다. 주식시장에는 비효율성이 넘쳐난다고 판단해도 무방하다.

그러나 우리가 주목할 것은 정보의 비대칭성 여부가 아니다. 우리는 '솔깃한 정보'에서 벗어날 필요가 있다. 정말로 좋은 정보가 내 귀에까지 들어올 가능성이 작음을 인정하고, 출처가 모호한 나쁜 정보의 힘을 약화할 필요가 있다. 그럼으로써 손해를 피하는 데 집중해야 한다.

정보, 특히 내부정보의 힘을 무력화하는 방법 중 하나는 경쟁 기업들을 동시에 다 사는 것이다. 예를 들어 XX기업과 관련하여 좋은 정보를 얻었다면 이 기업과 가장 치열한 경쟁 관계에 있는 YY기업, ZZ기업을 같이 매수하면 된다. 만약 그 정보가 정말 기가 막힌 알짜정보였다면 XX기업 주가가 날아갈 것이고, YY와 ZZ는 얼른 손절매하면 된다.

하지만 우리의 자본은 유한해서 경쟁 기업을 동시에 모두 사기는 힘들다. 게다가 정보를 통해 이익 난 XX기업은 조기에 이익을 실현하고, 손실 난 YY기업과 ZZ기업은 차마 손절매하지 못해 의도치 않은 장기 투자를 하게 될 가능성이 크다. 우리의 손은 손실 난 종목을 쿨하게 손절매할 만큼 냉정하지 못하기 때문이다. 이런 식으로 투자했다가는 이익은 조금 얻고 손해는 크게 보는 악순환에서 벗어나기 힘들다.

그렇다면 유한한 자본 안에서 여러 기업을 카테고리로 묶어서 투자하고, 냉정하지 못한 내 손을 탓하지 않아도 되는 방법은 무엇일까? 그 답은 ETF 투자다. 불과 5년 전만 해도 ETF는 대부분 주가지수를 복제한 것이었다. 예를 들면 코스피200 지수를 기초로, 이 지수와 가장 근접하게 포트폴리오를 구성해서 만드는 형태가 보편적이었다. 그런데 요즘에는 기업 스타일별로 상당히 다양하게 상장되어 있다. 그중에서도 특정 업종 또는 경쟁 관계에 있는 소수의 기업을 포트폴리오에 묶어 하나의 ETF로 구현한 경우가 많다. 이런 ETF를 테마 ETF라고 표현한다.

리서치센터에서 근무하면서 내가 하는 일 대부분은 정보를 활용하여 인사이트를 도출하는 것이다. 그런데 이 정보라는 게 참 비싸다. 예를 들면 데이터 소스를 얻기 위해 들이는 매체 활용 비용(잘 알려진 정보 단말기인 블룸버그Bloomberg의 경우, 월 사용료가 대당 500만 원 정도다)도 많이 들고, 무형의 비용(인맥, 시간, 노력, 정성 등)도 상당히 많이 든다. 이런 비용을 줄일 방법은 없을까? 있다. 대리인을 고용하면 된다. 즉, 펀드매니저에게 위임하면 된다. 하지만 이것 역시 인적 노동이 들어가다 보니 판매보수 등을 포함한 운용 전체 보수가 2%대에 형성되기도 한다. 최고의 대안은 ETF다. ETF로 운용하면 운용보수가 0.4% 내외 수준으로 낮아진다. 즉, 성장하는 산업에 ETF로 투자하는 것은 한마디로 가성비가 갑인 투자 방법이다.

04

주식을 몰라도 투자할 수 있다

이런 사람은
꼭 ETF로 투자하자

△
△
△

ETF는 상장지수펀드Exchanged Traded Fund의 앞글자를 딴 금융상품이다. 주식시장에서 거래가 가능한 거래 목적의 펀드로 벤치마크benchmark,, 즉 기초자산으로 설정하는 기준지표에 따라서 성격과 종류가 다양하다. 주식처럼 사고팔기가 용이하고 소액으로 분산 투자를 할 수 있어서 개인연금과 같이 긴 시간 동안 분산 투자가 필요한 투자에 아주 적합한 수단이다.

ETF는 벤치마크의 가격을 모방 또는 추종하는 것을 목표로 하기 때문에 ETF를 활용하는 투자는 수동적인 시장 성과를 달성하는 것을 목표로 한다. 그러나 요즘 들어서는 개별 업종 및 스타일별 ETF의 종류가 다양해지는 추세다. 개별 ETF를 조합하여 한국 코스피, 미국 S&P500·나스닥, 중국 상해지수와 같은 주가지수를 웃도는 성과 달성을 추구하는 ETF가 많다.

세상에는 주식 투자에 뛰어난 사람들이 많다. 재무제표를 꼼꼼히 분석하거나 시황 변화에 눈이 밝은 사람들은 괜찮은 종목 몇 개로 몇 배의 수익을 내기도 한다. 그런데 금융과 관련 없는 일을 하거나 금융업에 종사하더라도 금융시장에 대한 직접적인 정보 접근성이 낮은 사람들이 대다수다. 또한 금융권에서 직접적인 정보 접근성이 높은 사람은 엄격한 내부통제 기준을 준수해야 하기에 정보를 매매에 활용하면 안 된다.

이렇듯 대부분 사람에게는 주식에 투자하는 데 장애물이 많다. 보통 사람들, 특히 다음 세 가지 성향을 가진 사람들은 주식보다 ETF를 통해 투자하는 것이 훨씬 유익하다.

첫째, 가치 투자를 지향하는 사람들이다. ETF에는 가치 투자자들이 좋아할 만한 요소가 많다. 일반적으로 어떤 업종 내에서 독야청청 홀로 싼 주식은 없다. 업황이 좋은데 홀로 싼 주식은 기업 실적이나 회계상의 부정, 경영자의 실책 같은 커다란 약점이 반드시 있다. 가치 투자자들이 좋아하는 주식은 보통 기업의 내용은 상당히 좋은데 업황이 안 좋아서 주가가 눌려 있는 경우다. 업황이 안 좋다는 것은 그 업황 내 1·2·3등이 모두 기어가고 있다는 뜻이며, 업황이 개선되면 같이 실적이 개선될 개연성이 높다는 뜻이기도 하다. 가치 투자자 입장에서는 이런 종목들을 묶어놓은 ETF가 이쁘지 않을 수가 없다. 산업군 및 테마 중심으로 업황이 부진할 때 차곡차곡 적립하는 재미도 쏠쏠하다.

둘째, 전반적인 세상 흐름에는 관심이 많은데 개별 기업까지 집중해서 분석하기 어려운 투자자에게 딱이다. 사람마다 강점이 있다. 디테일에 강한 사람이 있는 반면 큰 그림에 강한 사람이 있다. ETF는 큰 그림에 강한 사람에게 아주 유용한 투자 도구가 된다. 요즘 어떤 물건이 유행하는지, 사람들의 생각이 어떤 쪽으로 흘러가는지, 어떤 업종이 보너스를 많이 받는지 등을 잘 포착하는 사람은 일단 ETF 투자에 상당히 유리한 입지를 차지한다. 말 그대로 트렌드에 민감하기 때문이다. 트렌드의 변화를 잘 읽는 사람들은 묵직한 장기 투자자 또는 가치 투자자가 될 수는 없어도 다양한 ETF 라인업을 넘나들면서 상당히 적극적으로 수익을 창출할 수 있다.

셋째, 숫자에 약하거나 재무제표를 보기만 해도 머리가 지끈거리는 사람들이다. 이들에게 ETF는 최적의 투자 수단이다. 주식 투자에서 재무제표는 가장 중요한 도구이지만, ETF를 활용하면 재무제표를 볼 줄 몰라도 투자를 잘할 수 있다. ETF는 업종 내에서 시가총액이 가장 큰 기업들을 기초로 벤치마크를 구성하고, 시가총액의 변화에 맞춰 편입 비중을 조절한다. 따라서 재무제표상 삼성전자가 더 좋은지 현대차가 더 좋은지, LG화학은 어떤지 고민할 필요가 없다. 반도체 업황이 좋아 보인다면 반도체 ETF로, 삼성그룹이 좋아 보인다면 삼성그룹 ETF로, 플랫폼이 좋아 보인다면 FANGFacebook, Amazon, Netflix, Google ETF로, 주가지수 전체적 흐름이 좋다면 주가지수 ETF에 투자하면 된다.

ETF 투자가 자신에게 적합하다고 생각한다면 ETF를 기술적이고 효율적으로 활용하는 방법을 알아두자.

첫 번째, 적립식 투자를 통해 자산 규모를 꾸준히 늘리는 방법이다.

매월 일정 금액으로 ETF를 매수함으로써 평균 비용 효과Cost Average Effect를 기대할 수 있다. 대부분 증권사에서는 ETF 자동 적립 시스템이 있다. 즉, 펀드와 같은 방법으로 적립식으로 투자할 수 있다. 또한 전월 대비 지수가 일정 비율 하락할 경우 추가 매수를 시행하는 것과 같은 옵션 기능도 있으므로, 매일 시장을 보지 않아도 자동으로 원하는 수준의 가격대에서 추가 적립이 가능하다.

　두 번째, 경기에 따른 유망 업종에 차례대로 투자sector rotation하는 것이다. 경기 사이클과 증시 패러다임의 변화, 재정정책 및 금융정책 등의

그림4-1 투자 의사 결정

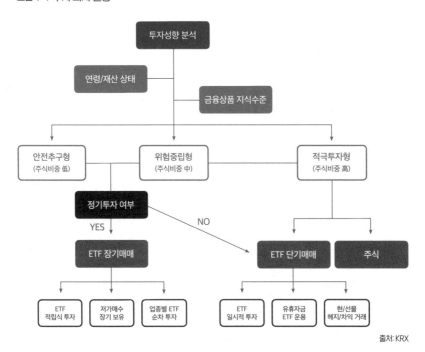

출처: KRX

변화 등을 점검하면서 시장 지수 대비 상대 수익률을 높이는 전략을 실행할 수 있다. 특히 테마형 ETF의 종류가 점차 확대되는 추세에서는 저평가된 업종의 ETF 비중을 확대하고 고평가된 업종의 ETF 비중을 줄이는 차익거래도 가능하다.

세 번째, 투자 유지 기간과 기초자산 구성을 달리하는 방법도 있다. 예를 들어 포트폴리오의 60% 이상을 지수를 추종하는 ETF를 기초로 세팅해놓고, 단기적으로 개별 업종 또는 테마의 변동성이 커지는 경우에 나머지 40%의 비중을 스타일 및 섹터 지수 ETF를 활용하여 투자하는 방법이다. 또는 투자를 실행하는 연령에 따라 기초자산 구성이 변동되게 할 수도 있다. 연금수령 기간이 가까울수록 고정수익을 주는 자산 비중을 높이고, 연금수령 기간이 멀수록 기대수익을 높이는 자산 비중을 높이면 된다.

이렇듯 ETF를 활용하면 다양한 전략과 전술을 통해 안정적인 투자 현금흐름을 만들 수 있다.

세상 쉬운 재테크,
ETF 투자

△
△
△

일반적으로 투자를 시작할 때는 먼저 얼마만큼의 수익을 목표로 할 것인지를 정한다. 물론 수익이라는 것은 많으면 많을수록 좋은 것이지만, 목표를 설정하지 않고 시작하면 결국엔 투기가 될 수밖에 없다.

투자 목표를 정할 때 시장위험 또는 시장수익률을 기준으로 삼을 수 있다. 시장의 평균적인 위험을 감내하고 그만큼의 성과를 목표로 하는 전략을 패시브passive 전략(수동적 전략) 또는 베타beta 전략이라고 한다. 한편, 시장위험 이상의 위험을 감내하고 초과 수익을 지속적으로 달성하는 것을 목표로 하는 전략을 액티브active 전략(적극적 전략) 또는 알파alpha 전략이라고 한다.

여기서 포인트는 '수익은 위험으로부터 나온다'라는 것이다. 즉, 목표수익률을 설정할 때는 위험을 얼마만큼 감내하고 그 이상의 보상을 받을 것인지가 먼저 판단되어야 한다는 얘기다. 만약 당신이 '내 목표수익률은 10%야!'라고 생각한다면, 얼마만큼의 위험을 감내할 것인지 자신에게 물어야 한다. 10%의 수익을 내기 위해 시장위험(변동성)보다 2배 큰 위험을 질 것인지, 5배 큰 위험을 질 것인지 판단해야 한다는 뜻이다. 이를 통해 내가 원하는 수익을 얻기 위해 너무 큰 위험을 감수해야 하는 상황은 아닌지, 또는 너무 작은 위험으로 큰 수익을 희망하는 것은 아닌지 판단해야 한다.

ETF는 벤치마크 지수의 성과를 추종하는 것을 원칙으로 한다. 위험과 성과를 기준으로 다시 설명하면, 시장의 평균적인 위험만큼 감내하고 시장의 평균적인 성과를 달성하는 것을 목표로 한다는 뜻이다.

ETF는 벤치마크 지수 이상의 성과를 목표로 하지 않기 때문에 앞서 분류한 전략 중 수동적인 전략 또는 베타 전략의 대표 상품으로 인식된다. 그래서 ETF 투자를 지루하고 재미없는 투자 방법, 시장을 잘 모르는 사람이 하는 투자 방법이라고 인식하는 경우가 많다. 그러나 그림 4-2에서 보는 것처럼 ETF는 다양한 금융 주체의 거래를 통해 이루어지며, 상당히 정교하고 복합적인 구조하에 설계된 상품이다.

세계 금융시장에는 약 7,600개의 ETF가 상장되어 있고, 약 7조 달러의 투자 자금이 집중되어 있다. 국가별로는 미국이 세계 전체 시장의 약 70%를 차지하고 있고, 한국은 약 56조 원 규모로 전체 시장의 1% 이내 수준이다. 따라서 글로벌 ETF 투자를 고려할 때는 미국에 상장된 ETF를

그림 4-2 ETF 생태계

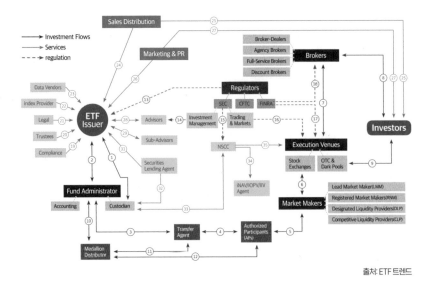

출처: ETF 트렌드

먼저 보고, 미국에서 커버되지 않는 특색 있는 ETF의 경우에 개별 국가 단위로 거래되는 ETF에 투자하는 것이 유익하다.

ETF 대부분이 코스피 지수, CSI300 지수, S&P500 지수 등 그 나라를 대표하는 주가지수를 복제하던 시절에는 ETF를 활용하는 투자법이 보수적인 것으로 해석됐다. 그래서 몇몇 개별 종목 주가가 시장 전체 흐름보다 강세를 보이는 장세에서는 ETF를 활용하는 투자법이 외면당하기도 했다. 하지만 최근 몇 년간 다양한 테마를 가진 ETF가 상장되면서 투자 대상이 넓어졌다.

이렇게 변화할 수 있었던 이유는 ETF의 본질이 펀드이기 때문이다. 펀드가 추종하는 벤치마크를 어떻게 정의하느냐에 따라 ETF의 성격, 테마, 목적, 투자 성과 달성 방법 등이 달라진다. 또한 같은 성격의 테마나

그림 4-3 글로벌 ETF 시장은 빠르게 성장하는 중

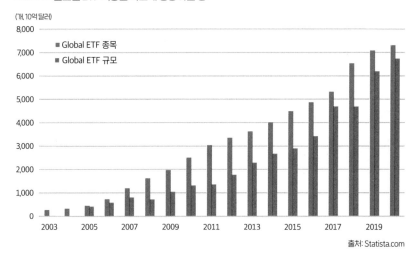

(개, 10억 달러)

- Global ETF 종목
- Global ETF 규모

출처: Statista.com

표 4-1 국가별 ETF 종목 수(2020년 11월 기준)

(단위: 개)

순위	국가	개수
1	미국	2,192
2	캐나다	850
3	이스라엘	655
4	독일	626
5	영국	511
6	**대한민국**	**463**
7	중국	374
8	프랑스	344
9	대만	225
10	호주	202

출처: 한국거래소, "2020년 ETF 시장 동향 및 특징", 2021.1.7

목적을 가진다고 해도 벤치마크에 구성된 종류에 따라 성과의 궤적이 달라질 수 있다. 그러므로 ETF의 종류는 벤치마크를 기준으로 무한대로 늘어날 수 있다.

한번 정해진 벤치마크는 펀드가 종료될 때까지 유지된다. 하지만 벤치마크에 포함된 종목은 시가총액에 따라 편입 비율이 조정된다. 이것을 포트폴리오 리밸런싱rebalancing(재조정)이라고 하는데, 개별 종목의 시가총액이 변하면 시가총액 내에서 그 종목이 차지하는 비중이 변하고, 해당 종목이 편입된 산업 내에서 그 종목이 차지하는 시가총액 비중도 변한다. 이에 설정된 벤치마크 지수 내에서 종목별 비중을 조정하게 되고, 그 벤치마크를 추종하는 ETF 내에서 해당 종목이 차지하는 비중 또한 자연스럽게 조정된다.

ETF 가격은 시장 여건에 따라 기초자산의 예상 적정가액Fair Value 주변에서 등락하도록 설계되어 있다.[3] 매매 가격은 예상적정가액에서 수요와 공급에 따라 달라지는데, 매수 수요가 많은 경우에는 예상적정가액 대비 프리미엄이 형성된 가격에 거래되고, 매도 수요가 많은 경우에는 예상적정가액 대비 디스카운트된 가격에 거래된다.

이때 프리미엄이나 디스카운트를 줄이기 위해 AP(지정참가자)가 개입을 하게 된다. ETF 가격이 NAV(순자산가치)와 비교해 프리미엄이 형성된 경우, AP는 유통시장에서 ETF를 공매도하고 기초자산을 매수한다. 반대로 ETF 가격이 NAV보다 디스카운트된 경우, AP는 유통시장에서 ETF를 매수하고 ETF 운용사에 환매를 요청한다. 이를 통해 ETF의 시장 가격이 적정가액으로 수렴하도록 유도한다.

---

3   HTS(홈 트레이딩 시스템)에서는 INAV, IOPV, IIV 등으로 표시된다.

그림 4-4 ETF 설정과 환매 절차

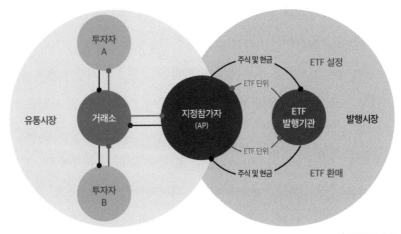

출처: 삼성자산운용

그림 4-5 ETF 프리미엄 및 할인 기제

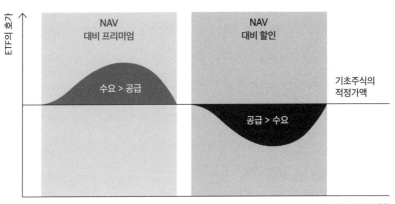

출처: 삼성자산운용

최근 금융 가격 변동성이 확대되면서 레버리지 및 인버스 ETF의 종류가 다양해졌다. S&P500을 기초자산으로 하는 순수한 ETF의 경우에는 기초자산의 일간 가격 변동이 ETF의 일간 성과와 동일하다. 그런데

S&P500 레버리지(+2배) 또는 인버스(-2배) ETF의 경우에는 기초자산이 일간으로 1% 오르면 +2% 또는 −2%의 성과를 만들어내야 한다. 이에 ETF에는 기초자산뿐만 아니라 해당 지수 선물도 포함한다.

　　ETF에서 보유하는 선물이 늘고 있다는 것은 금융시장의 변동성을 자극하는 요소로, 금융시장이 펀더멘털을 벗어난 위험을 보일 씨앗을 키우는 것과 마찬가지다.

　　실제로 지난 코로나바이러스 확산 당시 주가지수가 하루에 5% 이상 급등락하는 일이 비일비재했던 배경도 레버리지 및 인버스 ETF 확대에 기인한다. 이런 현상을 금융시장에서는 '꼬리가 몸통을 흔든다'라는 의미에서 왝더독Wag the dog[4]이라고 표현한다.

　　지난 2020년 3월 S&P500 지수가 장중에 5% 넘게 하락했다. 이 경우 레버리지형(×2배) ETF에는 S&P500 현물 비중이 약 105~110% 포함되고, S&P500 선물은 약 90~95% 포함되어 있다. 현물 하락률보다 선물 하락률이 더 높은 경우에는 선물을 매수함으로써, 선물보다 현물이 더 크게 하락하는 경우에는 선물을 추가 매도함으로써 레버리지 배율에 맞춰 성과를 조정한다. 그림 4-6에서처럼 현물과 선물의 가격 차이를 줄이기 위해 선물 매매를 활용하게 되며, 이것이 현물시장을 흔드는 왝더독 현

4　금융시장은 현물시장과 선물시장으로 나뉜다. 이를테면 현물시장은 일반적으로 우리가 거래하는 주식시장이고, 선물시장은 그 주식 종목 또는 주가지수를 기초자산으로 하는 또 다른 복제품이다. 선물시장에서는 해당 기초자산에 대해 롱(long, 매수)도 할 수 있고 숏(Short, 매도)도 할 수 있다. 그리고 현물 거래에 비해 증거금(투자 자금)이 낮아 레버리지 효과도 크다. 이에 어떤 기초자산의 가격이 상승할 가능성이 큰 경우 선물 매수를 통해 이익을 확대하거나, 기초자산 가격이 하락할 가능성이 큰 경우 선물 매도를 통해 손실을 방어하는 방법도 가능하다. 그런데 선물 가격은 반드시 기초자산(현물)의 가격이 변동하는 것에서 가치가 생성된다. 그래서 금융시장에서는 현물시장을 몸통, 선물시장을 꼬리로 표현한다. 만약 선물시장의 변동이 현물시장을 흔드는 경우에는 '꼬리가 몸통을 흔든다'라고 표현한다.

그림 4-6 ETF와 기초자산의 가격 괴리 조정 방법

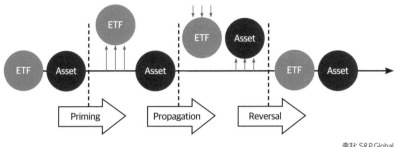

출처: S&P Global

상을 부른다. 현물로 추적오차tracking error[5]를 추종하는 경우에는 리밸런싱 과정에서 현물 가격의 변동을 촉발하게 되므로, 이 또한 시장의 변동성 확대 요인이 된다.

　그런데 요즘은 3배 ETF도 많아졌다. S&P500 지수가 장중에 5% 넘게 하락한 경우, 3배 레버리지 ETF에서는 현물(105~110%) 변화 대비 선물(290~295%) 변동 수준에 따라 선물의 매도 또는 매수가 더욱 커지는 위험을 내포하고 있다.

　ETF를 복제하는 방법으로는 다음과 같이 세 가지가 있다(표 4-2). ETF는 지수를 추종하도록 설계되어 있기 때문에 ETF 성과는 지수와 오차가 적을수록 좋다. 즉, 추적차이와 추적오차가 적을수록 유리하다. 다만 이 두 가지에는 미묘한 차이가 있는데, ETF 선택에서 '일관성 있는 성과'가 우선순위라면 추적오차가 적은 ETF를 선택하는 것이 유익하고,

---

5　추적오차는 ETF가 설정해둔 벤치마크와 ETF 성과의 괴리율을 표준편차로 표현한 것이다. 이와 비슷한 개념으로 추적차이(tracking difference)가 있는데 벤치마크 성과 대비 ETF의 성과 차이를 %p로 측정한 것이다. 즉 추적오차는 벤치마크 대비 변동성 측면 평가지표이고, 추적차이는 성과 측면 평가지표다.

총수익률이 우선순위라면 추적차이를 사용하는 것이 유익하다.

표 4-2 ETF의 복제 방법과 각각의 장단점

방법	접근법	장점	단점
실물 복제	지수를 복제하기 위해 필요한 자산을 직접 매수하거나 지수 전반과 상관관계가 높은 대표적 구성 종목을 매수	• 거래상대방 위험 없음 • 단순성	제한적 시장 혹은 실물 주식을 보유하는 것이 실용적이지 않은 경우 추종이 어려움
합성 복제	• 지수의 실물 주식을 보유하지 않음 • 스왑계약과 같은 OTC 장외파생상품을 사용해 지수 복제	• 제한적 시장이나 실물 주식을 보유하는 것이 실용적이지 않은 경우 추종을 도움 • 복잡한 전략을 실행할 때 사용될 수 있음	• OTC 장외파생상품을 사용하기 때문에 거래상대방 위험에 노출됨 • OTC 장외파생상품과 관련된 다른 비용이 부과되지 않는지 고려해야 함
선물	• 선물계약에 투자함 • 선물계약은 롤오버됨(펀드가 실물자산을 보유하지 않음)	직집투자가 비용이 높거나 실용적이지 않은 경우 원자재나 기타 자산에 대한 익스포저 확보(보관비용 없음)	일반적으로 선물계약을 매월 롤오버하여 비용 발생

출처: 삼성자산운용

ETF 거래 시
주의사항

△
△
△

첫 번째는 유동성 수준이다

일반적으로 ETF의 유동성은 매수·매도 호가가 촘촘한지 아닌지를 기준으로 말한다. ETF에는 크게 세 가지의 유동성이 있다. 첫 번째, 온스크린 유동성on screen liquidity이다. 예를 들면 일평균 거래량처럼 매수자와 매도자 간 거래에서 형성되는 유동성을 말한다. 두 번째, 숨겨진 유동성hidden liquidity이다. ETF는 주식과 펀드의 구조가 결합된 금융상품이라는 측면에서 구조적으로 온스크린 유동성보다 나머지 2개 유동성의 영향을 많이 받는다. 온스크린 유동성은 주식의 매매에 국한되는 반면, 시장에 나오지 않는 시장조성자의 물량 및 장외 플랫폼과 증권대차시장을 통해 들어오는 물량도 있기 때문이다. 그리고 세 번째는 기초자산의 유동성으로, 발행시장의 ETF 설정과 환매 프로세스를 원활하게 수행하는 토대가 된다. 시장 수요에 따라 AP는 ETF 증권을 설정하고 환매할 수 있는데, 이런 측면에서 ETF의 유동성은 사실상 기초지수를 구성하는 주식의 유동성과 동일하다. 따라서 ETF라고 하더라도 편입된 주식의 시가총액이 작거나 유통 주식 수가 적은 경우에는 유동성 위험이 발생할 수 있으므로 주의해야 한다. 실제로 아크인베스트먼트ARK Investment의 경우, ETF에 편입하는 주식의 시가총액이 상당히 작아서 해당 운용사의 ETF 설정 또는 환매가 개별 주가의 변동성을 높인 사례도 있으니 참고하자.

그림 4-7 ETF 거래 시 고려해야 하는 3단계 유동성

출처: 삼성자산운용

두 번째는 비용이다

ETF의 매매 및 보유에 따른 비용은 크게 거래비용과 보유비용으로 나눌 수 있다. 거래비용에는 매수·매도 호가 스프레드와 매매 체결에 따른 수수료가 있고, 보유비용에는 추적차이로 인해 발생하는 비용과 세금이 포함된다. 그림 4-8에 정리된 것처럼 ETF 거래 및 보유에 따른 비용은 거래비용이나 운용보수 이외에도 ETF 소유에 따른 총비용TCO, total cost of ownership이 높을 수 있으니 숨겨진 비용을 고려한 투자가 필요하다.

그림 4-8 ETF 거래에 수반되는 비용 구성

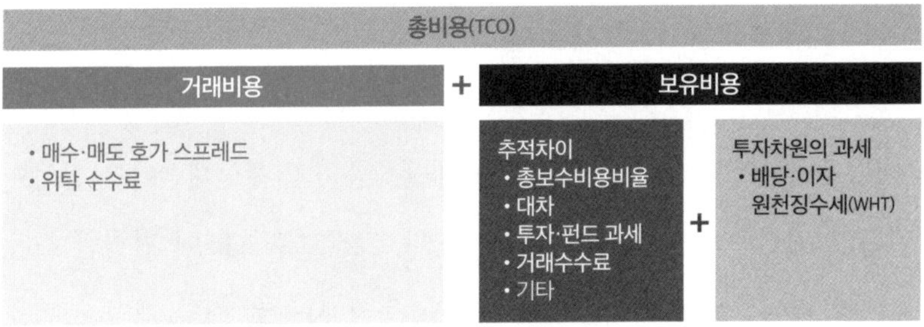

총비용(TCO)		
거래비용	+	보유비용
• 매수·매도 호가 스프레드 • 위탁 수수료		추적차이 • 총보수비용비율 • 대차 • 투자·펀드 과세 • 거래수수료 • 기타　+　투자차원의 과세 • 배당·이자 원천징수세(WHT)

출처: 삼성자산운용

세 번째는 ETF 거래 시간이다

장 초반과 장 마감 시간은 특히 주의해야 한다. 장 초반에는 일반적으로 주식 가격 변동성이 크다. 이에 ETF 운용을 실행하는 시장조성자들도 벤치마크에 포함된 ETF 구성 종목의 적정 거래 가격을 판단하기 위한 정보가 부족하다. 따라서 장 초반에는 시장조성자들이 매수·매도 호가 스프레드를 크게 벌려두고 시장의 흐름을 모니터링한다. 장 마감 시간에는 시장 참여자들이 리스크 및 익스포저 조정을 하는 경우가 많아 유동성 공급량을 절대적으로 줄일 위험이 있다. 이 경우에도 매수·매도 호가 스프레드가 벌어지고 유동성이 줄어들 위험이 있다. 따라서 장 초반과 마감 시에는 스프레드 확대 위험이 커질 수 있다. 한편 국내에서는 해외 지수 및 해외 주식을 기초자산으로 하는 ETF 종목이 다양해지고 있다. 그런데 만약 기초자산의 거래 시간이 ETF 거래 시간과 다를 경우 예상적정가액을 산정할 때 가격 차이가 확대될 수 있다. 그러므로 가능하면 해당 기초자산의 거래 시간과 맞추는 것이 좋다.

네 번째는 합성ETF의 신용위험이다

합성ETF는 운용사가 기초자산을 직접 운용하는 실물 복제 ETF와 달리, 운용사가 편입한 스왑 등 장외파생상품의 거래상대방이 실질적으로 ETF 자산을 운용하는 구조를 취한다. 그러므로 ETF에 편입된 스왑 등 장외파생상품의 거래상대방이 부도 등의 사유로 스왑 계약 조건을 이행하지 못하여 투자자에게 약속된 수익을 제공하지 못하는 신용위험이 발생할 가능성이 있다.

따라서 합성ETF에 투자할 때는 스왑 계약 상대방의 재무건전성 및 신용 상태를 정확히 파악하는 것이 중요하다. 이에 거래소 상장 규정에서는 거래상대방의 자격 요건 및 ETF 운용사에 대해 거래상대방의 위험을 평가하고 관리체계를 구축하는 것을 의무화하는 등의 기준을 마련하고 있다.

다섯 번째는 세금이다

투자에서 가장 중요한 요소 중 하나는 투자에 동반되는 세금이다. ETF는 기초자산의 종류와 계좌 종류, 거래소 등에 따라 매매차익에 대해서도 과세가 되므로 반드시 체크해야 한다.

ETF에서 발생하는 이익에는 크게 매매차익과 배당소득이 있고, ETF에 부과되는 세금에는 배당소득세와 양도소득세가 있다. 배당소득세는 고정되어 있으므로 이익이 발생하면 어느 정도 예상 가능한 범위에 있다. 그런데 양도소득세는 절세를 위한 고민이 필요하다. 기초자산의 성격과 계좌 성격에 따라서 과세 방법이 다르기 때문에 과세 조건을 비교해 계좌를 선택해서 거래를 구분하면 세금을 효과적으로 줄일 수 있다.

05

ETF와 개인연금이
만나면 퍼펙트 콤보

삼층연금이 모두에게
해당하는 건 아니다

△
△
△

검색창에 '노후 준비'라는 키워드를 입력하면 가장 많이 나오는 연관 검색어가 '삼층연금'이다. 국민연금, 퇴직연금, 개인연금을 통해서 미래의 현금흐름을 구성하라는 것이 주된 내용이다.

그런데 여기에는 분명한 전제 조건이 있다. 삼층연금이든 사층연금이든 근로소득을 통해 안정적인 수입을 오랫동안 창출하는 것이 기본이라는 것이다. 만약 근로자가 아닌 사업자이거나, 근로소득이 아닌 다른 방법으로 소득을 형성하는 경우에는 연금 구성이 달라질 수밖에 없다.

국민연금

국민연금은 국가에서 시행하는 사회보장제도로 전 국민을 대상으로 실시되는 공적연금제도다. 직장에 다니는 근로자의 경우에는 월간 납입액에 대해 근로자와 사업주가 각각 50%씩 부담하여 국민연금공단에 예치하는 구조로 되어 있다. 물론 개인사업자도 가입이 가능한데, 이 경우 월간 납입액을 100% 자기가 부담해야 한다. 즉, 사업자보다는 근로자 자격을 유지하고 있을 때 상대적으로 유리한 제도다.

최근 들어 60대 이상 어르신들 사이에서 국민연금 가입이 유행처럼 번지고 있다. 최소한 5년이라도 연금을 더 넣어서 70~80대에 현금흐름을 조금이라도 개선시키기 위해서다. 그런데 이 경우에는 저축한 자금을 기간을 나누어 돌려받으면서 거기에 시중 은행보다 이자를 조금 더 받는 것과 마찬가지다. 즉, 100을 넣고 101을 받는 것과 같은 구조이므로 노후 준비의 수단이라고 보긴 어렵다.

연금 또는 기금은 현세대에서 얻은 자금을 과거 세대에게 나눠주는 시스템을 기반으로 한다. 만약 현세대의 인구가 늘어나고 수입이 늘어나는 여건이라면 재원의 유입이 많아서 그중 일부가 유출되더라도 잔고가 늘어난다. 여기에 우리나라 최고 인재들이 글로벌 자산배분을 통해 다각화한 포트폴리오에서 연간 5~6%씩 안정적인 운용 성과를 보여주고 있으니, 재원의 규모는 점진적으로 늘어나는 구조여야 한다.

그런데 현세대의 인구는 줄어들고 고용둔화로 노동시장의 안정성이 낮아지면서 연금으로 자금이 유입되는 속도보다 유출되는 속도가 빨라질 위험이 있다. 실제로 기획재정부의 2020~2060년 장기재정 전망 보고서에 따르면, 국민연금 재원이 2040년대에는 적자로 전환되고 2050년대 중반에는 바닥날 것으로 추정된다.[6] 보고서 표현을 그대로 빌리자면 '국민연금의 경우에는 고령화에 따라서 수급자 수는 지속적으로 증가하고, 생산 가능 인구 감소로 가입자 수는 줄어드는 추세다. 현상유지 시나리오하에서는 2041년에 적자가 발생하는 구조이며 성장대응 시나리오하에서는 2043년에 적자에 직면할 것으로 전망한다'라고 되어 있다.

2021년부터 국민연금 추후납부 기간이 10년으로 단축되는 것도 같은 배경에서 비롯된 것이다. 추후납부는 실업이나 폐업 등의 이유로 국민연금을 납부하지 못한 경우 그 금액을 한꺼번에 납후해서 연금 가입을 인정받는 제도다. 국민연금 입장에서는 미래에 지급해야 할 부담금 규모가 기하급수적으로 늘어날 위험이 있으므로 기간을 제한하는 것이다.

이처럼 공적연금 구조 안에서는 안전한 미래를 보장받지 못할 위험이 있으므로, 경제적으로 안전한 미래를 만들기 위해서는 국민연금에만 의존해서는 안 된다는 것이 실질적으로 우리가 처한 현실이다.

퇴직연금

퇴직연금은 회사가 근로자에게 지급해야 할 퇴직급여를 금융회사에 맡기고 이를 기업 또는 근로자의 지시에 따라 운용하는 제도다. 과거에는 회사가 알아서 적립하고 약속한 만큼의 퇴직금을 지급하는 DB형(확정급여형)이 보편적이었으나, 최근에는 회사와 약정을 맺은 금융기관

---

6   기획재정부, "2020~2060년 장기재정 전망", 2020.9

에서 근로자가 직접 퇴직연금을 운용할 수 있는 DC형(확정기여형)이 늘어나는 추세다. 미래에 받을 퇴직금의 규모를 확정하고자 하는 사람들은 DB형으로 가입하는 경우가 많다. 그에 비해 퇴직연금 재원을 재태크 목적으로 활용하고자 하는 근로자의 경우에는 DC형으로 가입하여 미래 기대이익을 높일 수 있다. 다만, 운용 성과를 스스로 책임져야 하므로 만약 성과가 부진한 경우에는 회사에서 적립해준 원금보다 퇴직금이 적어질 위험도 있다.

DB형이든 DC형이든, 근로자는 향후 퇴직할 때 일시금 또는 연금으로 지급받을 수 있다. 퇴직연금제도는 회사가 근로자에게 급여의 일부를 퇴직금으로 쌓아주는 제도이므로 근로자의 형태로 근로소득을 형성하지 못하는 사람에게는 노후 준비의 수단이 되지 않는다.

그림 5-1 퇴직연금제도 vs. 퇴직금제도

방법	퇴직연금제도		퇴직금제도
	확정급여형(DB)	확정기여형(DC)	퇴직금
납입 주체	회사		
적립 방식	전액 사외 예치	최소 80% 이상 사외 예치	사내 예치
퇴직금 지급 방식	연금 또는 일시금		일시금
퇴직금 운용 책임	회사	근로자	해당사항 없음

개인연금

마지막 남은 것이 개인연금[7]이다. 개인연금은 국민연금, 퇴직연금의 빈 공간을 메꾸기 위해 만들어진 제도다. 근로자든 비근로자든 연금저축과 IRP_{Individual Retirement Pension}(개인형 퇴직연금)의 형태로 가입할 수 있다. 그런데 개인연금은 납입 가능 금액과 수령 한도에 제한이 있다. 우선 개인연금 납입 가능 금액은 연금저축과 IRP를 합하여 연간 총 1,800만 원으로 정해져 있다. 부부가 함께 개인연금을 납입한다면 연간 3,600만 원이 최대 한도가 된다.

개인연금 활성화를 위해 정부는 2020년부터 3년간 한시적으로 혜택을 강화했다. 50세 이상 가입자에 한해서 IRP를 포함한 개인연금의 세액공제가 연 200만 원 추가된다. 예를 들어 기존에 IRP를 포함하여 700만 원까지 납입액의 13.2%를 세액공제 받았다면, 2022년 말까지는 900만 원까지 세액공제 대상이 된다.[8] 이 경우 세액공제 금액이 최대 92.4만 원에서 118만 원으로 늘어난다.

또한 2021년부터 만기가 도래하는 ISA_{Individual Savings Account}(개인종합자산관리계좌)[9] 자금을 개인연금으로 이관하는 경우에는 추가적인 세제 혜택이 주어진다. 연금저축이나 IRP에 이체한 ISA 계좌 만기 자금의 10%(최대 300만 원)가 세액공제된다. 만약 기존 연금 계좌에서 세액공제 받은 규모가 700만 원이었다면, 이 경우에 1,000만 원으로 늘어난다. 만약 50세 이상 가입자로 세액공제 한도 200만 원 확대까지 반영된다면 연간 세액

---

7   개인연금은 연금저축과 IRP를 합하여 연간 총 1,800만 원까지 납입할 수 있다. 납입 금액 중 700만 원까지는 최대 16.5%까지 세액공제가 가능하다. 단, 연금수령 연령에 따라 연금소득세율이 달라지므로 연금수령 개시를 결정할 때 참고할 필요가 있다(69세 이하 수령 시 5.5%, 70~79세 수령 시 4.4%, 80세 이상 수령 시 3.3%).

8   단, 총급여가 1억 2,000만 원 이하로 제한되며, 금융소득 금액이 2,000만 원을 초과하는 금융소득종합과세 대상자도 세액공제 혜택에서 제외된다.

9   2016년 국민의 재산 증식을 도모한다는 취지로 정부가 가입을 권유한 상품이다. 연간 투자 한도가 2,000만 원이고, 가입 만기는 5년, 가입 한도는 1인당 총 1억 원이었다. 만기가 도래해서 자금을 찾는 경우에 개인연금으로 옮기면 세제 혜택이 주어진다. 만약 잔고가 1억 원 이하이고 납입했던 금액을 계속 운용하고자 하는 경우에는 ISA 만기연장을 신청하고 추가 납입을 하면서 유지할 수 있다.

공제 대상 규모가 1,200만 원으로 늘어난다.

한편, 연금 개시 초기에 많은 금액을 인출하는 것을 방지하기 위해 연금수령 연도에 따라 수령 한도를 두고 있다. 연금수령 10년 차까지는 '연금개시일 기준 연금 계좌 평가액/(11-연금수령 연차)×120%' 범위 안에서 연금을 수령할 수 있다. 연금을 받는 첫해에는 1차 연도 연금 개시일 기준 평가액의 최대 12%까지만 받을 수 있고, 2년 차에는 10.8%, 3년 차에는 9.6%로 한도가 줄어든다.

11년 차부터는 한도 없이 자유롭게 수령할 수 있다. 그런데 수령 한도를 초과하는 연금수령액은 연금소득세가 아닌 기타소득이나 퇴직소득으로 과세되므로 수령 금액에 따라 세율이 달라질 수 있어 주의해야 한다.[10]

이렇듯 노후를 보장하는 삼층연금은 정년이 보장된 근로자에게 가장 혜택이 크고, 정년이 보장되지 않은 근로자나 사업자는 그보다 혜택이 줄어들 수밖에 없다. 안전한 노후를 준비하기 위해서는 우선 근로 기간을 최대한 늘리거나, 삼층연금을 넘어서는 대비책을 마련해야 한다.

삼층연금은 모두에게 해당하는 노후 준비 수단이 아니다. 국민연금을 장기간 납입한 경우에도 국민연금에서 발생하는 월간 현금흐름은 일상생활을 유지하기에 충분하지 않고, 직업의 형태가 점점 임시직 또는

---

10 퇴직소득세는 퇴직금의 크기와 근속연수에 영향을 받는다. 퇴직금을 근무한 기간으로 나누어 1년 치에 해당하는 소득으로 환산한다. 근속연수에 따라 일정 금액을 공제한 후, 그 금액에 대해 종합소득세율을 부과하는 방식을 취한다. 이에 퇴직금 액수가 같은 경우에는 근속연수가 길수록 과표가 낮아지고 세율도 낮아지는 효과가 있다. 만약 퇴직금이 1억 원이고 근속연수가 10년이면 과세표준은 548만 원(공제가 반영된 금액), 세율은 5.5%가 적용된다.

표 5-1 퇴직소득세율 계산 예시(2020년 3월 기준)

(단위: 원, %)

근속 연수 / 퇴직금	5년		10년		15년		20년	
	퇴직소득세	적용세율	퇴직소득세	적용세율	퇴직소득세	적용세율	퇴직소득세	적용세율
1,000만 원	136,400	1.4	0	0.0	0	0.0	0	0.0
3,000만 원	1,166,000	3.9	510,400	1.7	316,800	1.1	123,200	0.4
5,000만 원	2,812,700	5.6	1,606,000	3.2	844,800	1.7	651,200	1.3
1억 원	11,349,250	11.3	5,480,200	5.5	3,964,120	4.0	2,948,000	2.9
3억 원	65,167,660	21.7	46,372,700	15.5	33,306,620	11.1	24,899,600	8.3
5억 원	124,484,800	24.9	101,449,320	20.3	82,600,650	16.5	65,301,500	13.1
10억 원	274,634,800	27.5	248,669,300원	24.9	223,102,000	22.3	201,754,660	20.2

출처: 미래에셋증권, "퇴직금을 받을 때 세금은 얼마나 뗄까?", 2020.4.3

프리랜서화되는 긱경제하에서는 퇴직연금에 대한 의존도가 낮아질 위험이 있다. 물론 IRP를 통해 이직한 회사에서도 연속적으로 퇴직연금을 쌓아갈 수는 있으나, 재직하는 기간에 따라 퇴직연금 지급에 대한 제한을 두는 경우도 있기에 퇴직연금에만 의존해서는 노후를 대비하기가 어려워질 수 있다. 결국 개인의 부담금이 커질 수밖에 없으므로 개인연금을 활용하여 똑똑하게 노후 준비를 해야 한다.

개인연금은 운용 방식을 본인이 스스로 정할 수 있고, 본인의 노력에 따라서 보다 적극적인 수익률을 만들 수 있다. 특히 최근 들어 금융시장에 대한 개인 투자자의 관심이 상당히 많고, 시장을 이해하는 수준도 높으며, 투자에 대한 인식 또한 과거보다 장기적인 시각에서 큰 그림을 그리는 사람들이 늘어나면서 개인연금 시장도 빠른 속도로 성장하고 있다. 이에 개인연금 시장을 선점하기 위해 금융회사들이 앞다투어 마케팅 전쟁을 치르고 있다.

ETF로
개인연금 활용하기

△
△
△

개인연금은 곧 자신의 노후다. 투자의 결과에 따라 미래의 생활이 달라질 수 있으므로 장기적으로 꾸준한 성과를 쌓도록 노력해야 한다. 개인연금에 투자하는 방법으로는 신탁(예금과 같은 성격), 보험(저축성 보험과 같은 성격), 펀드(펀드매니저가 운용하는 뮤추얼펀드), 그리고 ETF가 있다.

개인연금 운용 목표의 초점을 '안정'에 둔다면 신탁이나 보험을 통해 적립하는 것이 좋으나, 수익률이 연 1~2% 수준이기에 물가 상승률을 보전하지도 못한다. 따라서 신탁이나 보험 같은 상품은 개인연금 전체 포트폴리오에서 비중을 낮추는 것이 좋다.

한편 개인연금 운용 목표의 초점을 '노후에도 기본적으로 여유로운 생활'에 둔다면 펀드나 ETF를 활용하는 것이 좋다. 펀드는 각 자산운용사를 대표하는 유능한 펀드매니저가 운용하므로 개인이 직접 운용하는 것보다 편리하다. 다만, 본인이 직접 운용하는 것이 아니기 때문에 성과가 좋아지거나 나빠졌을 때 원인을 분석하기 어렵고 향후 투자 전략을 바꾸는 기준을 세우기도 어렵다는 단점이 있다. 한편 ETF는 직접 운용해야 하는 수고스러움은 있으나 성과 변동에 대한 원인과 대책을 직접 결정할 수 있다는 점이 좋다. 따라서 개인연금 운용 초반에는 ETF보다 펀드 비중을 높게 두어 금융시장 변동과 펀드 성과에 대한 공부를 하고, 점진적으로 ETF 편입 비중을 늘리기를 추천한다.

ETF를 활용하여 개인연금을 똑똑하게 키우기 위해서는 다음 네 가지를 추가로 점검해야 한다.

첫째, 개인연금 자산은 상품 또는 계좌를 관리하는 기관에 따라서 ETF 투자 가능 여부가 나누어진다. 연금저축신탁·연금저축보험은 ETF 직접 매매가 불가능하고, DC형 개인연금이라고 해도 은행이나 보험사에 계좌를 둔 경우에는 ETF 거래가 불가능하다. ETF를 활용하여 직접 투자를 통해 노후자산을 안정적으로 늘리기 위해서는 증권사에서 IRP를 개설하는 것이 좋다.

둘째, ETF를 활용하여 포트폴리오를 구성하면 다양한 국가와 업종에 분산 투자가 가능하다. 특히 미국과 유로존은 주식시장 시가총액 대비 ETF 자산 규모가 10% 이상이다. 전 세계로 투자 범위를 확대하고자 한다면 ETF가 딱이다.

셋째, 자산배분 관점에서 금·은·원자재 ETF에 투자하고 싶다면

표 5-2 국가별 주식시장 시가총액 대비 ETF 시장 비중(2020년 11월 기준)

(단위: 100만 달러, %)

	증시 시가총액	ETF 순자산총액	시가총액 대비 비율
미국	40,390,304	5,088,944	12.6
영국	3,720,510	492,107	13.2
독일	2,146,571	285,458	13.3
캐나다	2,487,380	192,298	7.7
일본	6,594,590	509,034	7.7
대한민국	1,916,592	45,073	2.4

출처: 한국거래소

IRP를 활용한다. 일반적으로 연금 계좌에서는 기초자산보다 변동성이 커 위험이 높아질 수 있는 ETF 투자가 불가능하다. 즉 연금저축이든 IRP든 ±2배, ±3배 같은 레버리지 또는 인버스형 ETF에는 투자힐 수 없다. 금·은·원자재 같은 ETF도 실질적인 포트폴리오는 파생상품으로 이루어지므로, 기초자산의 변동성보다 가치 변동이 커질 수 있고 사실상 레버리지 또는 인버스 효과를 가질 위험이 높다. 다만, IRP의 ETF 투자 제한 규정에 따르면 '파생상품 위험 평가액 40% 초과 ETF는 투자 불가'라고 되어 있는데, 이를 다시 해석하면 '위험 평가액이 40% 이내에 있으면 투자가 가능하다'라는 뜻이다. 따라서 IRP에서는 금 ETF, 은 ETF, 원자재 ETF에도 투자가 가능하니 참고하자.

넷째, 연령대별로 투자 자산배분을 조정한다. 자산운용사에서는 연금수령을 개시하는 날짜에 맞추어서 적립하여 운용되는 TDF_{Target Date} _{Fund}(타깃데이트펀드), 즉 연금 전용 펀드를 운용하고 있다. 이 펀드는 펀드매니저가 직접 포트폴리오를 관리하고 자산배분을 실행하므로 안정적인 성과를 창출한다는 장점이 있다. 다만, 연금수령 날짜를 정하고 가입하는 펀드인 만큼 운용의 안정성을 위해 중도해지 시 페널티를 높게 부과한다.

개인연금 계좌에서는 ETF를 활용하여 TDF 포트폴리오 전략을 직접 구성할 수 있다. 개인연금 운용 개시 시점이 연금수령 기간에서 멀수록 주식형 ETF의 비중을 높게 배분하고, 운용 개시 시점이 연금수령 기간에 가까워질수록 전체 개인연금 자산에서 채권형 ETF의 비중을 높여 가면 된다.

글로벌 ETF 시장에는 주식형 및 채권형 ETF 종목이 다양하게 분포되어 있으므로 투자를 지속할 수 있는 시기와 은퇴 시기 등을 고려하여 유연하게 대응할 수 있다. ETF를 활용하면 자신의 개인연금을 펀드매니저처럼 자산 비중을 조정하여 투자할 수 있다.

다만, ETF는 투자 대상과 지역에 따라 세금이 다르게 적용될 수 있으니 과세 기준을 점검해야 한다. 국내 ETF는 주식형 ETF를 제외하고

그림 5-2 TDF 자산배분 비중 조정 예시

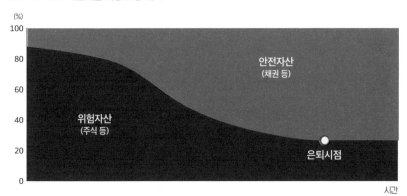

출처: 미래에셋증권 투자와연금센터

표 5-3 세금 비교: 국내 ETF vs. 해외 ETF

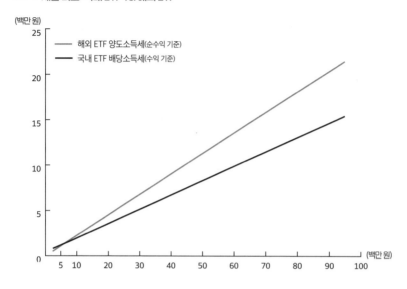

매매차익 및 배당소득에 세금이 부과된다. 연간 금융소득(이자소득, 배당소득 포함)이 2,000만 원을 넘으면 금융소득종합과세 대상자가 되고, 이경우 근로소득 및 기타소득과 합산해 최고 46.2%의 세금이 부과될 수 있다. 한편 해외 상장 ETF는 금융소득종합과세 대상은 아니다. 최근 해외에 상장된 ETF 투자 수요가 증가하고 있는데 금융소득종합과세를 피하기 위한 절세 목적 투자자가 늘어서다. 다만, 매매 및 배당소득 합계가 250만 원을 넘는 경우 양도소득세 22%가 부과(분류소득 과세)된다.[11] 따라서 자신의 연간 금융소득 규모 및 예상세액을 고려하여 전략적으로 선택해야 한다.

표 5-4 계좌별 세금 비교: 국내 ETF vs. 해외 ETF

매매 구분	계좌 구분	국내 상장 ETF		해외 상장 ETF
		국내 주식형	기타	
ETF 매도 시	일반 계좌	X	배당소득세 (15.4%, 원천징수)	양도소득세(22%) 250만 원 기본공제
	해외 주식 투자 전용 계좌	거래 불가	X	거래 불가
	연금저축 계좌	X	X	X
	ISA	운용수익 200만 원 (최대 400만 원)까지 비과세 비과세 한도 초과 시 분리과세(9.9%)		
ETF 수령 시	일반 계좌	배당소득세 (15.4%, 원천징수)	배당소득세 (15.4%, 원천징수)	배당소득세 (15.4%, 원천징수)
	해외 주식 투자 전용 계좌	거래 불가	배당소득세 (15.4%, 원천징수)	
	연금저축 계좌	연금소득세 (3.3~5.5%)	과세(3.3~5.5%)	
	ISA			
금융소득 종합과세 여부	일반 계좌	O	O	X (분리과세)
	해외 주식 투자 전용 계좌			
	연금저축 계좌			
	ISA			

출처: 미래에셋증권

<hr />

11 소득세법은 개인의 소득을 총 여덟 가지로 나눈 후 이자소득 등 여섯 가지 항목은 합산하여 과세하고, 나머지 퇴직소득과 양도소득은 별도의 계산구조로 과세한다. 즉, 과세대상 기준으로 1) 종합과세 대상(이자소득, 배당소득, 사업소득, 근로소득, 연금소득, 기타소득), 2) 분류과세 대상(퇴직소득, 양도소득), 3) 분리과세 대상(분리과세 대상 금융소득, 일용근로자 급여, 분리과세 대상 연금소득, 분리과세 대상 기타소득)으로 나눠진다. 종합과세는 소득의 종류와 상관없이 일정 기간을 단위로 합산해 과세하는 방식이다. 분류과세는 퇴직소득과 양도소득을 다른 소득과 구별하여 별도로 과세하는 방식을 말하는데, 이 두 가지는 비교적 장기간에 걸쳐서 발생하는 소득이므로 단기간 발생한 소득에 합산하면 세금이 단기에 높아질 위험이 있어 별도로 과세한다. 분리과세는 그 소득이 지급될 때 소득세를 원천징수함으로써 과세(통산 14% 수준)를 종결하는 것을 말한다.

표면적으로는 해외 ETF가 세금을 많이 부과하는 것처럼 보인다. 그러나 해외 ETF는 순수익 기준인 반면 국내 ETF는 수익 기준이라는 점에 차이가 있다. 또한 해외 ETF는 금융소득종합과세 대상이 안 된다는 점에서 금융소득이 높은 사람에게는 오히려 유리하다.

저금리 시대에 투자 과정에서 발생하는 세금을 줄일 수 있다면, 기대수익률을 높이는 효과를 거두게 된다. 절세와 관련해서 상당히 중요한 팁 두 가지가 있다.

첫 번째 팁은 계좌의 성격과 과세 기준의 차이를 활용하는 것이다. 운용 목적이 장기 투자이고, 매매차익 및 배당소득의 사용 시기가 연금 수령 시기 이후라면 연금저축 계좌가 가장 적합하다. 특히 연금저축 계좌로 투자를 하는 경우 연간 최대 700만 원의 세액공제 혜택을 받고 환급금을 ETF에 재투자하여 복리 효과까지 얻을 수 있으므로, 장기 투자를 목적으로 하는 경우에는 일반 계좌를 활용하는 것보다 훨씬 유리하다.

연금저축 계좌에서는 연 1,800만 원까지 투자할 수 있으며, 레버리지와 인버스 ETF를 제외한 모든 ETF를 거래할 수 있다. 다만, 연금 계좌의 경우 중도 인출 시 과세가 된다는 점이 부담스럽다. 이 경우 전년도에 세액공제 받은 금액을 초과한 금액은 인출할 수 있다. 예를 들어 전년도에 400만 원을 납입하고, 올해 400만 원 전액을 세액공제 받았다면, 이 400만 원을 인출할 때는 기타소득세 16.5%가 부과된다. 한편 전년도에 500만 원을 납입하고 올해 400만 원을 세액공제 받았다면, 차액인 100만 원에 대해서는 중도 인출해도 과세되지 않는다. 즉, 세액공제 받지 않은 금액에 대해서는 얼마든지 중도인출이 가능하다. 다만, ETF 운용을 통해 얻은 수익을 중도에 인출할 때는 16.5%가 과세된다.

두 번째 팁은 배당금을 선취하여 분배금 과세를 회피하는 것이다. 국내 주식형 ETF 발행운용사의 결산 시기를 활용하는 방법이다. 예를 들어 12월 결산법인인 경우 12월 배당락일 예상배당금만큼 ETF의 NAV에 반영되므로, 그만큼을 매도함으로써 예상배당금을 선수취하여 배당수익에 대한 비과세 혜택을 누릴 수 있다. 고배당 ETF 중에서는 1·4·7·10월 기준으로 수익자 명부를 확정하고 분배금을 익월 초에 지급하는 경우도 있는데, 배당소득세 및 종합과세를 잠시 피해야 한다면 해당 월 기준일에 일시적으로 ETF를 팔고 재매입하는 전략도 가능하다 (다만, 배당을 목표로 하는 투자자에게는 적합하지 않으며, 매매 가격의 차이 탓에 수익이 변동될 위험이 있다).

세금 시뮬레이션

연금 계좌의 이력과 현 상황이 다음과 같다고 할 때 시나리오별 세금을 알아보자.
• 계좌 이력과 현황: 2020년 4월 1일 1,800만 원 입금, 6개월간 운용수익 100만 원 발생, 10월 말 잔고 1,900만 원

① 세액공제 받기 전 중도 인출: 원금 1,800만 원 전액 인출 가능(세금 ×)하며, 운용수익 100만 원에 대해서는 인출 시 기타소득세 16.5%가 부과된다.

② 세액공제 받은 후 중도 인출: 원금 1,800만 원 중 400만 원은 이미 세액공제를 받았다고 할 때, 세액공제 대상이 아닌 1,400만 원에 대해서는 중도 인출 시 세금이 발생하지 않는다(세액공제 받지 않은 금액부터 인출 가능함). 세액공제 받은 400만 원에 대해서는 기타소득세 16.5%가 부과되고, 운용수익 100만 원에 대해서는 인출 시 기타소득세 16.5%가 부과된다.

③ 연금수령 시: 연금 계좌에서 발생한 이자와 배당에는 당장 세금을 부과하지 않고, 이를 인출할 때 과세한다. 이를 두고 과세 시기를 뒤로 미룬다고 해서 '과세이연'이라고 한다. 과세 대상 수익을 연금으로 수령하면 비교적 낮은 세율의 연금소득세가 부과되고, 연금 소득세율은 연금을 받는 시기에 따라 차이가 난다(연금저축과 IRP의 경우, 연금수령 나이가 70세 미만이면 5.5%, 70세부터 79세 사이이면 4.4%, 80세 이상이면 3.3% 세율로 세금이 부과됨).

④ 연금 계좌에서 발생한 과세 대상 운용수익을 55세 이전에 인출하거나 연금이 아닌 다른 방법으로 찾아 쓸 경우에는 기타소득세가 부과된다. 기타소득세율은 16.5%로 일반 금융소득에 대한 원천징수세율(15.4%)보다 높다.

표 5-5 ETF에 투자할 수 있는 절세 계좌와 투자 가능 상품

구분	연금저축펀드	IRP	ISA
세제 혜택	• 연금저축·IRP 합산 연간 700만 원 세액 공제 • 연금저축만 가입 시 연간 400만 원 세액 공제 단, 소득자(종합소득 1억 원, 총급여 1억 2,000만 원 초과)는 연간 300만 원 공제		운용수익 비과세 한도 200만 원 단, 총급여 5,000만 원(종합소득 3,500만 원) 미만은 400만 원
	계좌에서 발생한 운용수익은 인출하기 이전에 비과세		비과세 한도 초과 운용수익 분리과세 (9.9%)
	세액공제를 받은 원액과 운용수익을 연금으로 수령하면 저율과세(3.3~5.5%)		여러 ETF에 투자하면 이익과 손실 상계 후 과세
투자 한도	연간 1,800만 원		연간 2,000만 원(투자 기간 5년)
투자 제한	인버스·레버리지 ETF 투자 불가	인버스·레버리지 ETF 투자 불가	제한 없음
		전체 자산 중 70% 이하만 위험자산 운용 가능 ※ 위험 자산: 주식형, 혼합형(주식 40% 초과) ETF	
		파생상품 위험평가액 40% 초과 ※ ETF 예: 달러선물 ETF, 원자재(금·은) ETF 등	

출처: 미래에셋 투자와 연금센터

그림 5-3 해외 주식 거래는 해외 상장된 ETF 거래가 유익

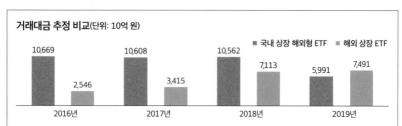

거래대금 추정 비교(단위: 10억 원)

■ 국내 상장 해외형 ETF　■ 해외 상장 ETF

	2016년	2017년	2018년	2019년
국내 상장 해외형 ETF	10,669	10,608	10,562	5,991
해외 상장 ETF	2,546	3,415	7,113	7,491

※ 2019년은 9월까지 거래대금. 2019년 해외 상장 ETF는 해외 주식 거래 중 ETF 비중(39%)을 고려한 추정치
자료: 한국거래소·예탁결제원

복수 ETF 투자 시 과세 비교

구분	A종목	B종목	C종목	합계	국내 상장 ETF	해외 상장 ETF
사례 1	8,000만 원 이익	4,000만 원 손실	2,000만 원 손실	2,000만 원 이익	1,317만 8,000원	385만 원
사례 2	8,000만 원 이익	4,000만 원 손실	3,750만 원 손실	250만 원 이익	1,317만 8,000원	0원

※ ETF 외 다른 금융 및 종합소득은 없다고 가정

국내 상장 해외형 ETF와 해외 상장 ETF 비교

구분	국내 상장 해외형 ETF	해외 상장 ETF
매매차익 과세	배당소득세 15.4%	양도소득세 22%
분배금	배당소득세 15.4%	배당소득세 15.4%
금융소득종합과세	대상	대상 아님(분배금은 대상)
연간 손익 통산	적용 안 됨	적용
장점	낮은 수수료, 시차 없음	다양한 상품, 풍부한 유동성
단점	세금 과다, 유동성 부족	높은 수수료, 환전 비용, 시차

출처: 매일경제, "해외ETF 세금, 국산은 1,317만 원, 외국산은 385만 원", 2019.10.20

3부

HOW TO

고정수익과
테마픽 분산 투자

06

글로벌
ETF 라인업

글로벌 ETF 라인업
분류 기준

△
△
△

글로벌 ETF 시장에서 미국이 차지하는 비중은 약 70%에 달한다. 그중 미국에 상장된 ETF는 2,500개로 상당히 많다. 이렇게 많은 ETF를 하나씩 점검하기에는 시간이 오래 걸릴 뿐더러 실제로 거래되는 ETF 종목 수에는 제한이 있다. 이에 독자들이 실제 투자를 고려할 때 효율성을 높일 수 있도록 ETF를 총 세 가지 투자 유형으로 나눈 뒤, 각 세부 유형에서 펀드자산 규모를 기준으로 최대 10종목씩 정리했다.

ETF를 활용하여 투자하는 투자자 유형은 크게 세 가지로 나뉜다. 첫 번째 유형은 '분산 투자형'이다. ETF가 가진 가장 중요한 장점인 분산 투자에 상당히 높은 가치를 두는 투자자다. 이들은 기본적으로 S&P500,

코스피 등과 같은 주가지수를 기준으로 두고 연평균 성과를 시장수익률 만큼 달성하는 것을 목표로 한다. 분산 투자형 투자자들이 실행하는 대표적인 전략으로는 스마트베타, 글로벌 매크로, 지수추종, 채권추종, 자산배분, 국가별 분산 투자 등이 있다(표 6-2부터 6-7까지). 또한 투자 목적이 분산과 안정적 성과 창출에 있는 만큼 단기적인 트레이딩보다는 장기 보유하는 경향이 있다.

두 번째는 '테마 집중형'으로 전체 시장에 투자하기보다는 특정 테마에 대한 선호나 전망을 반영하여 연평균 성과를 시장수익률보다 높이는 것에 목표를 두는 투자자다. 테마 집중형 투자자들이 선호하는 전략적 테마에는 알파 수익 추구, 테마틱, ESG, 테크, 금융, 바이오 & 헬스케어, 에너지, 금, 배당, 리츠, 우선주 등이 있다(표 6-8부터 6-18까지). 투자 목적이 시장보다 높은 수익을 얻는 것에 있는 만큼 테마 안에서 단기적인 섹터 로테이션이 빈번한 경향을 보인다. 테마를 중심으로 투자할 때는 현재 경제 및 금융시장 상황을 기준으로 단기적, 중기적, 장기적 배분 방향을 설정한 뒤 투자를 시작하는 것이 좋다.

세 번째는 '투기형'으로 레버리지나 인버스를 활용하여 방향성에 베팅하는 투자자다. 금융시장의 방향성 변화가 예측될 때 주로 활용되며, 예측에 대한 신뢰도 수준에 따라 2배 또는 3배까지 배율을 높여 투자하는 상품을 고를 수 있다(표 6-19와 6-20). 다만, 방향성이 예측 및 투자 방향과 반대로 갈 경우 손실 범위도 빠른 속도로 확대될 수 있음을 기억하고, 단기적인 베팅 수단으로 활용하는 것이 유익해 보인다.

이번 장에서 제시하는 ETF 유형과 종목은 가장 보편적이고 대표적인 기준으로 나눈 것이기에 그 구성이 완벽하지는 않다. 다음 해당 분류 이외에도 관심 있는 전략 또는 테마가 있다면, 비슷한 성격을 가진 대표 ETF 종목을 먼저 공부하고 관련 종목의 범위를 넓히기를 추천한다.

표6-1 투자자 유형에 따른 글로벌 ETF 분류

유형	분산 투자 집중형	테마 집중형	투기형
전략	스마트베타	테크	레버리지
	글로벌 매크로	금융	인버스
	자산배분	바이오& 헬스케어	
	지수추종	알파 수익 추구	
	채권추종	테마틱	
	국가별 분산	ESG	
		배당	
		리츠	
		우선주	
		에너지	
		금	

분산 투자형
글로벌 ETF 라인업

△
△
△

표 6-2 분산 투자형: 스마트베타

(단위: 10억 달러, %)

티커	종목명	키워드	펀드자산	보수율
VTV	Vanguard Value ETF	가치주	72.3	0.04
VUG	Vanguard Growth ETF	성장주	68.1	0.04
IWF	iShares Russell 1000 Growth ETF	성장주	61.9	0.19
VIG	Vanguard Dividend Appreciation ETF	배당	67.0	0.06
IWD	iShares Russell 1000 Value ETF	가치주	50.0	0.19
VYM	Vanguard High Dividend Yield ETF	고배당	35.6	0.06
IVW	iShares S&P 500 Growth ETF	성장주	30.5	0.18
USMV	iShares Edge MSCI Min Vol U.S.A. ETF	최소 변동성	28.0	0.15
RSP	Invesco S&P 500 Equal Weight ETF	S&P 동일가중	24.4	0.2
VBR	Vanguard Small-Cap Value ETF	스몰캡 가치주	23.2	0.07

표 6-3 분산 투자형: 글로벌 매크로

(단위: 10억 달러, %)

티커	종목명	키워드	펀드자산	보수율
RPAR	RPAR Risk Parity ETF	리스크 관리	1.2	0.5
QAI	IQ Hedge Multi-Strategy Tracker ETF	멀티전략	0.7	0.78
RLY	SPDR SSgA Multi-Asset Real Return ETF	멀티자산	0.1	0.5
DALT	Anfield Capital Diversified Alternatives ETF	대체투자	0.1	1.3
GAA	Cambria Global Asset Allocation ETF	자산배분	0.1	0.25

표6-4 분산 투자형: 자산배분

(단위: 10억 달러, %)

티커	종목명	키워드	펀드자산	보수율
AOR	iShares Core Growth Allocation ETF	자산배분	1.7	0.25
AOM	iShares Core Moderate Allocation ETF	자산배분	1.5	0.25
AOA	iShares Core Aggressive Allocation ETF	자산배분	1.3	0.25
AOK	iShares Core Conservative Allocation ETF	자산배분	0.9	0.25
PCEF	Invesco CEF Income Composite ETF	자산배분	0.8	2.34

표6-5 분산 투자형: 지수추종

(단위: 10억 달러, %)

티커	종목명	키워드	펀드자산	보수율
SPY	SPDR S&P 500 ETF Trust	S&P	339.7	0.0945
IVV	iShares Core S&P 500 ETF	S&P	257.9	0.03
VOO	Vanguard S&P 500 ETF	S&P	202.4	0.03
VTI	Vanguard Total Stock Market ETF	주식 전체	220.7	0.03
QQQ	Invesco QQQ Trust	나스닥	148.2	0.2
VEA	Vanguard FTSE Developed Markets ETF	선진국	94.2	0.05
IEFA	iShares Core MSCI EAFE ETF	선진국	87.9	0.07
VUG	Vanguard Growth ETF	성장주	68.1	0.04
VWO	Vanguard FTSE Emerging Markets ETF	신흥국	78.1	0.1
IWF	iShares Russell 1000 Growth ETF	러셀1000	61.9	0.19

표6-6 분산 투자형: 채권추종

(단위: 10억 달러, %)

티커	종목명	키워드	펀드자산	보수율
AGG	iShares Core U.S. Aggregate Bond ETF	미국 채권	84.0	0.04
BND	Vanguard Total Bond Market ETF	글로벌 채권	70.2	0.035
LQD	iShares iBoxx USD Investment Grade Corporate Bond ETF	투자등급 회사채	43.9	0.14
VCIT	Vanguard Intermediate-Term Corporate Bond ETF	투자등급 회사채	42.1	0.05
HYG	iShares iBoxx USD High Yield Corporate Bond ETF	투기등급 회사채	22.4	0.49
VCSH	Vanguard Short-Term Corporate Bond ETF	단기 회사채	37.9	0.05

BNDX	Vanguard Total International Bond ETF	글로벌 채권	39.4	0.08
BSV	Vanguard Short-Term Bond ETF	단기 채권	31.7	0.05
TIP	iShares TIPS Bond ETF	물가채	25.8	0.19
MBB	iShares MBS ETF	MBS	26.4	0.06

표 6-7 분산 투자형: 국가별 분산

(단위: 10억 달러, %)

티커	종목명	키워드	펀드자산	보수율
EFA	iShares MSCI EAFE ETF	MSCI 선진국(북미 지역 제외)	54.7	0.32
EEM	iShares MSCI Emerging Markets ETF	MSCI 신흥국	29.4	0.68
ACWI	iShares MSCI ACWI ETF	MSCI 전 세계	15.5	0.33
EWJ	iShares MSCI Japan ETF	MSCI 일본	13.5	0.51
EWY	Ishares Msci South Korea ETF	MSCI 한국	7.6	0.59
AAXJ	iShares MSCI All Country Asia ex Japan ETF	MSCI 아시아(일본 제외)	6.7	0.7
EWT	Ishares Msci Taiwan ETF	MSCI 대만	6.6	0.59
MCHI	iShares MSCI China ETF	MSCI 중국	6.6	0.59
EWZ	Ishares Msci Brazil ETF	MSCI 브라질	5.8	0.59
INDA	iShares MSCI India ETF	MSCI 인도	5.4	0.69
EZU	iShares MSCI Eurozone ETF	MSCI 유럽	5.0	0.51
EWC	iShares MSCI Canada ETF	MSCI 캐나다	3.8	0.51
EWU	iShares MSCI United Kingdom ETF	MSCI 영국	3.3	0.51
EWG	iShares MSCI Germany ETF	MSCI 독일	2.7	0.51
EWL	Ishares Msci Switzerland ETF	MSCI 스위스	1.7	0.51
EWH	iShares MSCI Hong Kong ETF	MSCI 홍콩	1.6	0.51
EWA	iShares MSCI Australia ETF	MSCI 호주	1.4	0.51
EWW	iShares MSCI Mexico ETF	MSCI 멕시코	1.2	0.51
URTH	iShares MSCI World ETF	MSCI 선진국	1.2	0.24
EWQ	iShares MSCI France ETF	MSCI 프랑스	0.8	0.51
EWS	Ishares Msci Singapore Etf	MSCI 싱가포르	0.7	0.51
KSA	iShares MSCI Saudi Arabia ETF	MSCI 사우디아라비아	0.7	0.74

EWP	Ishares Msci Spain ETF	MSCI 스페인	0.5	0.51
ERUS	Ishares Msci Russia ETF	MSCI 러시아	0.5	0.59
EWD	Ishares Msci Sweden Etf	MSCI 스웨덴	0.5	0.51
THD	Ishares Msci Thailand Etf	MSCI 태국	0.4	0.59
FM	iShares MSCI Frontier and Select EM ETF	MSCI 프런티어	0.4	0.79
EIDO	iShares MSCI Indonesia ETF	MSCI 인도네시아	0.4	0.59
EWM	iShares MSCI Malaysia ETF	MSCI 말레이시아	0.3	0.51
TUR	iShares MSCI Turkey ETF	MSCI 터키	0.3	0.59
EWN	iShares MSCI Netherlands ETF	MSCI 네덜란드	0.3	0.51
EWI	Ishares Msci Italy ETF	MSCI 이탈리아	0.3	0.51
EWO	Ishares Msci Austria ETF	MSCI 오스트리아	0.1	0.51
EWK	Ishares Msci Belgium ETF	MSCI 벨기에	0.0	0.51

테마 집중형
글로벌 ETF 라인업

△
△
△

표6-8 테마 집중형: 테크

(단위: 10억 달러, %)

티커	종목명	키워드	펀드자산	보수율
VGT	Vanguard Information Technology ETF	IT	41.0	0.1
XLK	Technology Select Sector SPDR Fund	IT	37.6	0.12
XLC	Communication Services Select Sector SPDR Fund	플랫폼	13.3	0.12
FDN	First Trust Dow Jones Internet Index Fund	인터넷	10.3	0.54
IYW	iShares U.S. Technology ETF	IT	6.7	0.42
IGV	iShares Expanded Tech-Software Sector ETF	소프트웨어	4.8	0.46
SKYY	First Trust Cloud Computing ETF	클라우드	6.4	0.6
FTEC	Fidelity MSCI Information Technology Index ETF	IT	5.2	0.084
IXN	iShares Global Tech ETF	글로벌 테크	5.0	0.46
SOXX	iShares PHLX Semiconductor ETF	반도체	6.2	0.46

표6-9 테마 집중형: 금융

(단위: 10억 달러, %)

티커	종목명	키워드	펀드자산	보수율
XLF	Financial Select Sector SPDR Fund	금융	38.2	0.12
VFH	Vanguard Financials ETF	금융	9.4	0.1
IYG	iShares U.S. Financial Services ETF	금융	1.5	0.42

FAS	Direxion Daily Financial Bull 3x Shares	금융 x3배	3.0	0.95
IYF	iShares U.S. Financials ETF	금융	1.9	0.42
KBE	SPDR S&P Bank ETF	은행	4.6	0.35
KRE	SPDR S&P Regional Banking ETF	금융	5.5	0.35
REM	iShares Mortgage Real Estate ETF	모기지	1.5	0.48
FNCL	Fidelity MSCI Financials Index ETF	금융	1.5	0.084
EUFN	iShares MSCI Europe Financials ETF	유럽 금융	1.2	0.48

표 6-10 테마 집중형: 바이오 & 헬스케어

(단위: 10억 달러, %)

티커	종목명	키워드	펀드자산	보수율
XLV	Health Care Select Sector SPDR Fund	헬스케어	24.4	0.13
VHT	Vanguard Health Care ETF	헬스케어	13.7	0.1
IBB	iShares NASDAQ Biotechnology ETF	바이오	10.2	0.47
ARKG	ARK Genomic Revolution ETF	유전자공학	9.6	0.75
IHI	iShares U.S. Medical Devices ETF	의료장비	8.1	0.43
XBI	SPDR S&P Biotech ETF	바이오	6.9	0.35
IXJ	iShares Global Healthcare ETF	글로벌 헬스케어	2.7	0.46
FHLC	Fidelity MSCI Health Care Index ETF	헬스케어	2.5	0.084
IYH	iShares U.S. Healthcare ETF	헬스케어	2.5	0.43
FBT	First Trust NYSE Arca Biotechnology Index Fund	바이오	1.9	0.56

표 6-11 테마 집중형: 알파 수익 추구

(단위: 10억 달러, %)

티커	종목명	키워드	펀드자산	보수율
ARKK	ARK Innovation ETF	혁신기업	23.0	0.75
ARKG	ARK Genomic Revolution ETF	유전자공학	9.6	0.75
ARKW	ARK Next Generation Internet ETF	플랫폼	7.2	0.75
ARKF	ARK Fintech Innovation ETF	핀테크	4.1	0.75
ARKQ	ARK Autonomous Technology & Robotics ETF	AI & 로보틱스	3.4	0.75
EMLP	First Trust North American Energy Infrastructure Fund	에너지 인프라	1.8	0.95

BLOK	AMPLIFY TRANSFOR DATA SHARIN	블록체인	1.3	0.7
AVUS	Avantis U.S. Equity ETF	미국 주식	0.9	0.15
AVUV	Avantis U.S. Small Cap Value ETF	미국 스몰캡	0.9	0.25
SECT	Main Sector Rotation ETF	섹터 로테이션	0.8	0.65

표 6-12 테마 집중형: 테마틱

(단위: 10억 달러, %)

티커	종목명	키워드	펀드자산	보수율
ICLN	iShares Global Clean Energy ETF	친환경 에너지	5.2	0.46
GUNR	FlexShares Morningstar Global Upstream Natural Resources Index Fund	천연자원	4.7	0.46
TAN	Invesco Solar ETF	태양열	3.2	0.69
CIBR	First Trust NASDAQ Cybersecurity ETF	사이버보안	3.4	0.6
IGF	iShares Global Infrastructure ETF	글로벌 인프라 투자	3.0	0.46
QCLN	First Trust NASDAQ Clean Edge Green Energy Index Fund	친환경 에너지	2.7	0.6
PBW	Invesco WilderHill Clean Energy ETF	친환경 에너지	2.5	0.7
BOTZ	Global X Robotics & Artificial Intelligence ETF	로보틱스 & AI	2.5	0.68
NFRA	FlexShares STOXX Global Broad Infrastructure Index Fund	인프라 투자	2.4	0.47
HACK	ETFMG Prime Cyber Security ETF	사이버보안	2.1	0.6

표 6-13 테마 집중형: ESG

(단위: 10억 달러, %)

티커	종목명	키워드	펀드자산	보수율
FPE	First Trust Preferred Securities & Income ETF	미국 우선주	6.1	0.85
PGF	Invesco Financial Preferred ETF	미국 금융 우선주	1.8	0.61
EUFN	iShares MSCI Europe Financials ETF	유럽 금융 우선주	1.2	0.48

표 6-14 테마 집중형: 배당

(단위: 10억 달러, %)

티커	종목명	키워드	펀드자산	보수율
VIG	Vanguard Dividend Appreciation ETF	배당 성장주	67.0	0.06
VYM	Vanguard High Dividend Yield ETF	고배당	35.6	0.06

SCHD	Schwab U.S. Dividend Equity ETF	월배당	25.6	0.06
SDY	SPDR S&P Dividend ETF	월배당	18.6	0.35
DVY	iShares Select Dividend ETF	고배당	17.5	0.39
DGRO	iShares Core Dividend Growth ETF	배당 성장주	17.0	0.08
FVD	First Trust Value Line Dividend Index Fund	배당	11.0	0.7
NOBL	ProShares S&P 500 Dividend Aristocrats ETF	배당	7.6	0.35
HDV	iShares Core High Dividend ETF	고배당	6.3	0.08
DGRW	WisdomTree US Quality Dividend Growth Fund	월배당	5.4	0.28

표 6-15 테마 집중형: 리츠

(단위: 10억 달러, %)

티커	종목명	키워드	펀드자산	보수율
VNQ	Vanguard Real Estate ETF	부동산	35.7	0.12
SCHH	Schwab U.S. REIT ETF	미국 리츠	5.2	0.07
VNQI	Vanguard Global ex-U.S. Real Estate ETF	글로벌리츠(미국제외)	5.1	0.12
IYR	iShares U.S. Real Estate ETF	미국 부동산	4.5	0.42
REET	iShares Global REIT ETF	글로벌 리츠	2.8	0.14
XLRE	Real Estate Select Sector SPDR Fund	부동산	2.5	0.12
ICF	iShares Cohen & Steers REIT ETF	리츠	2.1	0.34
USRT	iShares Core U.S. REIT ETF	미국 리츠	1.8	0.08
RWO	SPDR Dow Jones Global Real Estate ETF	글로벌 부동산	1.7	0.5
RWR	SPDR Dow Jones REIT ETF	리츠	1.5	0.25

표 6-16 테마 집중형: 우선주

(단위: 10억 달러, %)

티커	종목명	키워드	펀드자산	보수율
PFF	iShares Preferred and Income Securities ETF	우선주	17.9	0.46
PGX	Invesco Preferred ETF	우선주	6.8	0.52
FPE	First Trust Preferred Securities & Income ETF	우선주	6.1	0.85
PGF	Invesco Financial Preferred ETF	우선주	1.8	0.61
VRP	Invesco Variable Rate Preferred ETF	우선주	1.5	0.5

표6-17 테마 집중형: 에너지

(단위: 10억 달러, %)

티커	종목명	키워드	펀드자산	보수율
XLE	Energy Select Sector SPDR Fund	에너지 기업	22.5	0.12
AMLP	Alerian MLP ETF	MLP	4.9	0.85
VDE	Vanguard Energy ETF	에너지 기업	4.8	0.1
XOP	SPDR S&P Oil & Gas Exploration & Production ETF	에너지 기업	3.6	0.35
USO	United States Oil Fund LP	석유	3.1	0.72
AMJ	JPMorgan Alerian MLP Index ETN	MLP	2.0	0.85
EMLP	First Trust North American Energy Infrastructure Fund	미국 에너지 인프라	1.8	0.95
IXC	iShares Global Energy ETF	글로벌 에너지 기업	1.3	0.46
OIH	VanEck Vectors Oil Services ETF	석유	1.3	0.35
UCO	ProShares Ultra Bloomberg Crude Oil	석유	1.1	0.95

표6-18 테마 집중형: 금

(단위: 10억 달러, %)

티커	종목명	키워드	펀드자산	보수율
GLD	SPDR Gold Trust	금	58.5	0.4
IAU	iShares Gold Trust	금	28.1	0.25
GDX	VanEck Vectors Gold Miners ETF	금	14.1	0.52
GDXJ	VanEck Vectors Junior Gold Miners ETF	금	5.3	0.54
GLDM	SPDR Gold MiniShares Trust	금	4.0	0.18
SGOL	Aberdeen Standard Physical Gold Shares ETF	금	2.4	0.17
BAR	GraniteShares Gold Trust	금	1.0	0.1749
NUGT	Direxion Daily Gold Miners Index Bull 2X Shares	금 x2배	1.0	0.95
JNUG	Direxion Daily Junior Gold Miners Index Bull 2X Shares	금 x2배	0.7	0.95
RING	iShares MSCI Global Gold Miners ETF	금	0.4	0.39

투기형
글로벌 ETF 라인업

△
△
△

표 6-19 투기형: 레버리지

(단위: 10억 달러, %)

티커	종목명	키워드	펀드자산	보수율
TQQQ	ProShares UltraPro QQQ	나스닥 x3배	10.4	0.95
QLD	ProShares Ultra QQQ	나스닥 x2배	3.8	0.95
SSO	ProShares Ultra S&P 500	S&P x2배	3.3	0.9
TECL	Direxion Daily Technology Bull 3X Shares	테크주 x3배	1.7	0.95
FAS	Direxion Daily Financial Bull 3x Shares	금융주 x3배	3.0	0.95
UPRO	ProShares UltraPro S&P500	S&P x3배	1.9	0.92
SPXL	Direxion Daily S&P 500 Bull 3X Shares	S&P x3배	1.8	0.95
SOXL	Direxion Daily Semiconductor Bull 3X Shares	반도체 x3배	3.9	0.95
UCO	ProShares Ultra Bloomberg Crude Oil	원유 x2배	1.1	0.95
UVXY	ProShares Ultra VIX Short-Term Futures ETF	VIX x2배	1.6	0.95

표 6-20 투기형: 인버스

(단위: 10억 달러, %)

티커	종목명	키워드	펀드자산	보수율
SH	ProShares Short S&P500	S&P -x1배	1.6	0.89
SQQQ	ProShares UltraPro Short QQQ	나스닥 -x3배	1.7	0.95
SDS	ProShares UltraShort S&P500	S&P -x2배	0.7	0.9
SPXU	ProShares UltraPro Short S&P500	S&P -x3배	0.5	0.91

SPXS	Direxion Daily S&P 500 Bear 3X Shares	S&P -x3배	0.4	0.95
SDOW	ProShares UltraPro Short Dow30	DOW -x1배	0.4	0.95
TZA	Direxion Daily Small Cap Bear 3X Shares	스몰캡 -x3배	0.3	0.95
PSQ	ProShares Short QQQ	나스닥 -x1배	0.6	0.95
SVXY	ProShares Short VIX Short-Term Futures ETF	VIX -x1배	0.5	0.95
RWM	ProShares Short Russell2000	러셀 -x1배	0.2	0.95

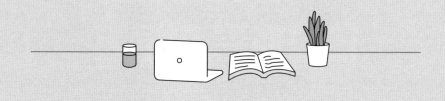

07

ETF로 안정적인 현금흐름 만들기

상관관계가 낮을수록
위험은 분산된다

△
△
△

우리는 의도하지 않았어도 일정 부분 자산배분을 하고 있다. 보편적으로는 전세 또는 자가주택의 형태로 부동산 비중이 가장 높을 것이고, 그다음으로 예금이나 보험성 자산 비중이 높을 것이며, 마지막으로 펀드 또는 주식이 차지하고 있을 것이다.

투자를 시작할 때 가장 먼저 결정해야 하는 것은 포트폴리오 자산배분을 어떻게 할 것인가다. 주식에 100% 투자할 것인지, 주식·부동산·예금에 일정 비율씩 나누어 투자할 것인지, 그 범위에 채권도 포함할 것인지 등이 자산배분을 결정하는 과정이 된다.

ETF로 자산배분을 시행할 때는 크게 세 단계를 거친다. 가장 먼저 검토하는 것이 '핵심/주변Core-Satellite 전략'이다. 시장 전체 흐름을 추적하

그림 7-1 자산배분 전략 사례: 핵심/주변 전략

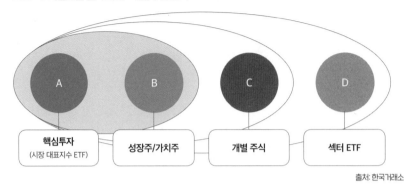

출처: 한국거래소

는 ETF에 투자해 포트폴리오의 핵심을 구성하고, 시장 여건에 따라 업종·국가·스타일 ETF에 적절히 가중치를 두어 투자함으로써 초과 수익률을 달성하는 것을 목표로 하는 단계다.

두 번째는 국가별 배분이다. ETF는 해외 시장에 손쉽게 투자할 수 있는 상품이다. ETF를 통한 해외 투자는 투자의 편리성, 가격의 즉시성, 저렴한 비용 등의 측면에서 일반 펀드보다 상대적으로 유리할 뿐만 아니라 수익률 면에서도 경쟁력이 있다. 특히 여러 국가에 대한 투자 비중을 변경할 경우 펀드는 설정 환매에 오랜 시간이 소요되어 실질 효과를 즉각 얻을 수 없지만, ETF는 바로 실행시킬 수 있다는 장점이 있다. 다만, 국내 투자와 달리 환율 변동 위험에 노출될 수 있기 때문에 투자 시 주가는 물론 환율 관리도 필요하다.

마지막으로 상관관계가 낮은 자산을 묶는다. 특정 시장이 가진 변동 위험은 상관관계가 낮은 자산을 포트폴리오에 함께 편입함으로써 상쇄할 수 있다. 즉, 자산의 100%를 한 가지 자산에 집중하기보다는 위험자산

60%와 안전자산 40%를 묶는 방식이 장기적인 성과 안정성을 갖추는 데 유리하다. 물론 특정 자산의 성과가 좋은 시점에는 그 자산에 100% 투입하는 것이 수익률 측면에서는 유리할 것이다. 그러나 예상치 못한 변수로 특정 자산의 가치가 급격히 하락하는 경우에는 사실상 손절매나 포트폴리오 변경이 어려운 것이 현실이다. 그러므로 자산 구성 자체를 상관관계가 낮은 자산으로 묶고 시작하는 것이 장기적으로는 든든한 안전판이 된다.

자산배분은 궁극적으로 안정적인 수익을 창출하기 위해 실행하는 것이다. 따라서 자산 규모가 크든 작든 상관없이 적절한 자산배분을 통해 자산 가치의 안정성을 높일 필요가 있다. 실제로 글로벌 전체 및 미국, 유럽, 한국을 대상으로 각각 자산배분의 효과를 비교해본 결과 연평균 성과의 변동성이 자산배분을 하기 전보다 낮아졌음을 공통으로 확인할 수 있었다. 투자를 시작하는 단계에서는 자신의 상황에 맞는 자산들 중 상관관계가 낮은 자산의 조합을 고민해보자.

그림 7-2 개별 자산 성과 vs. 자산배분 성과: 글로벌 기준

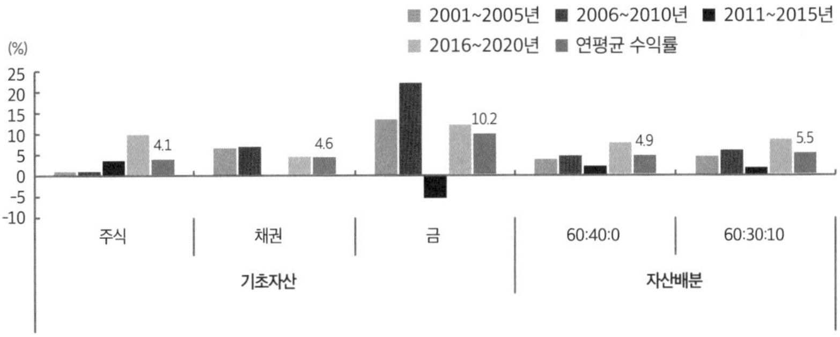

출처: Bloomberg

그림7-3 개별 자산 성과 vs. 자산배분 성과: 미국 기준

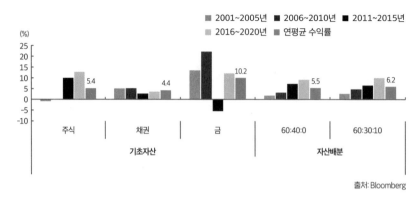

출처: Bloomberg

그림7-4 개별 자산 성과 vs. 자산배분 성과: 한국 기준

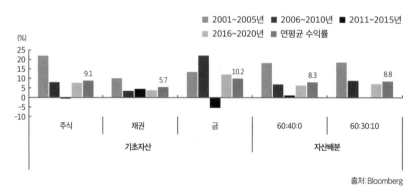

출처: Bloomberg

인컴형 ETF로
월급 만들기

△
△
△

　　많은 사람이 꿈꾸는 경제적 자유는 '일하지 않아도 월급처럼 고정적인 수입이 들어오도록 금융자산을 세팅하는 것'에서 시작된다. 인컴형 ETF에는 매월 배당을 지급하는 상품이 많으므로 우리의 꿈을 현실화하는 데 상당히 적합하다. ETF 중에는 '고배당+고성장' 테마를 추구하는 상품도 있어서 배당수익뿐만 아니라 자본수익도 추구할 수 있다.

　　인컴형 ETF를 통해 안정적인 수익을 달성하기 위해서는 투자 자금이 많을수록, 그리고 투자 기간이 길수록 유리하다. 특히 시간을 길게 두는 것이 누적된 성과를 달성하는 데 상당히 큰 영향을 미친다. 인컴형 ETF는 적립식 투자를 오랜 시간 유지할수록 빛을 발할 것이다.

고정수익을 주는 ETF는 성과 변동이 별로 없다. 특히 고배당 기업들은 사실상 비즈니스 모델 단계가 성숙기 이후에 접어든, 사람으로 치면 불혹을 지나 지천명을 넘어서는 기업들이기 때문에 주가 변동성도 크지 않다. 그래서 투자를 게임처럼 즐기는 사람들은 배당형 ETF 투자를 지루하다고 여기기도 한다.

그런데 워런 버핏의 투자 제1 원칙을 기억하는가? 그가 목숨처럼 반드시 지키라고 알려준 투자의 제1 원칙은 '돈을 잃지 않는 것'이다. 그리고 제2 원칙은 '제1 원칙을 반드시 지키는 것'이다. 배당형 투자는 잃지 않는 투자의 첫걸음이다.

물론 배당형 ETF도 기초자산이 주식이기 때문에 산업군의 경기나 기업 실적에 따라 주가가 하락할 수 있다. 다만, 상장된 주식 중에서 상대적으로 배당수익률이 높은 기업들은 경영에서 자본구조가 상당히 안정된 곳이 많고, 성장 측면에서도 성숙기에 접어든 기업들이 대부분이다. 즉, 주가 변동 위험이 다른 주식들보다 상대적으로 낮다. 또한 짧게는 매월 배당금이 지급되고, 적어도 반기에 한 번 정도는 주기적으로 배당금이 지급되는 ETF도 있다. 그래서 높은 수익률보다는 안정적인 자금흐름cash flow을 추구하는 투자자에게 아주 유익한 투자 수단이 된다.

고정수익을 주는 ETF는 수익원에 따라 배당형, 리츠형, 채권형으로 나눌 수 있다. 각 ETF는 월별 또는 분기별 또는 연간으로 고정수익(또는 예상 범위 내 확정수익)을 준다는 공통점이 있으나, ETF를 구성하는 기초자산의 성격이 다르고 그 기초자산의 가격을 변동시키는 요인이 다르므로 투자 포인트와 투자위험을 구분할 필요가 있다.

고정수익을 형성하는 가장 대표적인 유형은 배당을 많이 주는 기업에 투자하는 ETF다. VIG~Vanguard Dividend Appreciation ETF~, VWM~Vanguard High Dividend Yield ETF~, SCHD~Schwab U.S. Dividend Equity ETF~ 등이 있다.

배당형 ETF의 가장 큰 위험은 주가지수 대비 상대 성과가 장기적으로 부진할 수 있다는 것이다. 예를 들어 나스닥 중심의 고성장 기업 주가가 급격히 상승하거나, 특정 테마를 중심으로 주식시장의 변동성이 커지는 구간 등에서는 배당형 ETF의 성과가 상대적으로 부진할 수 있다. 투자자 입장에서는 심리적으로 기회비용이 크게 느껴질 위험이 있다.

또한 미국의 고배당 주식들에서는 금융업 주식과 우선주의 비중이 상대적으로 높은데, 최근 미국 금융권에 대한 배당을 줄이라는 목소리가 커져 제도적 변화 가능성이 언급되고 있다. 따라서 배당 관련 금융제도의 변화를 주목할 필요가 있다.

고정수익을 형성하는 두 번째 유형은 리츠 또는 부동산에 투자하는 ETF다. 대표적으로 VNQ~Vanguard Real Estate ETF~, SCHH~Schwab U.S. REIT ETF~, VNQI~Vanguard Global ex-U.S. Real Estate ETF~ 등이 있다.

글로벌 전반적으로 유동성이 확대되는 구간에서는 실물자산의 가치가 높아지며, 특히 부동산의 가치 상승이 두드러진다. 리츠는 펀드의 75% 이상을 부동산과 관련된 자산에 투자하는 상품으로 순수익의 75%가 임대료, 모기지에서 발생하는 이자수익, 부동산 매매차익 등에서 나온다. 또한 리츠를 운용하는 법인의 경우 소득의 90% 이상을 배당으로 분배해야 법인세 면제 등 혜택을 받는다. 이에 리츠를 기초자산으로 하는 ETF는 안정적이고 높은 배당수익을 장기간 안정적으로 확보할 수 있다는 장점을 가진다.

다만, 부동산의 가치가 급격하게 하락할 경우에는 리츠에서 발생하는 매매차익이 낮아질 수밖에 없다. 2020년을 강타한 코로나바이러스처럼 언택트가 확대될 경우, 임대 수요 및 수익률이 낮아질 가능성이 크다. 특히 상업용 리츠의 경우에는 업종과 지역에 따라 공실 위험 및 임대료 수입 하락 위험이 높아질 수 있다. 그러므로 기초자산의 성격(주택 vs. 상업용 vs. 산업용 등)에 따라 인컴 변동 가능성을 체크할 필요가 있다.

고정수익을 형성하는 세 번째 유형은 채권에 투자하는 ETF다. 대표적으로 AGGiShares Core U.S. Aggregate Bond ETF, BNDVanguard Total Bond Market ETF, LQDiShares iBoxx USD Investment Grade Corporate Bond ETF, HYGiShares iBoxx USD High Yield Corporate Bond ETF 등이 있다.

채권은 기본적으로 만기까지 보유해서 고정적인 이자를 취득하는 것을 목표로 하는 자산이다. 그런데 투자할 때는 이자수익뿐만 아니라 자본차익까지 얻을 수 있다. 금융시장의 변동성이 확대되면 자본차익의 영향력이 상당히 중요하게 작용한다.

채권은 왠지 복잡하고 어려울 것 같지만, 실질적으로 투자를 하는 논리는 심플하다. 경기가 회복되거나 확장되는 국면이라면 국채보다는 회사채가 좋고, 선진국보다는 신흥국이 좋다. 반면 경기가 둔화되거나 침체로 이어지는 과정이라면 회사채보다는 국채가 훨씬 유리하고, 신흥국보다는 선진국의 성과가 좋다. 즉, 위험이 선호되는 시기에는 채권 내에서도 위험이 높은 자산과 지역의 비중을 높이고, 위험을 피해야 하는 시기에는 채권 내에서 상대적으로 안전한 자산과 지역의 비중을 높이면

그림 7-5 경제 사이클별 채권 투자 전략 비교

경기둔화(DisInflation)
금리 특징
• 단기 금리와 장기 금리 모두 하락
• 국채 장단기 스프레드 유지 또는 축소
• 크레딧 스프레드 확대
채권 투자 전략
• 단기 국채 OW | 장기 국채 OW
• 회사채 투자등급 N | 투기등급 UW
• 신흥국 투자등급 N

경기확장(Inflation)
금리 특징
• 단기 금리 상승, 장기 금리는 상승 후 횡보
• 국채 장단기 스프레드 축소
• 크레딧 스프레드 축소
채권 투자 전략
• 단기 국채 UW | 장기 국채 N
• 회사채 투자등급 OW | 투기등급 OW
• 신흥국 투자등급 OW

경기침체(Deflation)
금리 특징
• 단기 금리 하락 후 횡보, 장기 금리 하락
• 국채 장단기 스프레드 축소
• 크레딧 스프레드 확대
채권 투자 전략
• 단기 국채 OW | 장기 국채 OW
• 회사채 투자등급 UW | 투기등급 UW
• 신흥국 투자등급 UW

경기회복(Reflation)
금리 특징
• 단기 금리 횡보, 장기 금리 상승
• 국채 장단기 스프레드 확대
• 크레딧 스프레드 축소
채권 투자 전략
• 단기 국채 N | 장기 국채 UW
• 회사채 투자등급 OW | 투기등급 N
• 신흥국 투자등급 OW

※ OW(Over Weight): 비중 확대
N(Neutral): 비중 중립
UW(Under Weight): 비중 축소

된다. 또한 물가가 상승할 것으로 예상되는 시기에는 물가채 비중을 높이는 것도 초과이익을 얻는 데 유익하다. 만약 이런 판단을 하기가 어렵다면 미국 채권에 가장 잘 분산해서 투자하는 AGG나 글로벌 채권시장에 가장 잘 분산해서 투자하는 BND를 활용하면 충분하다.

📈 추천 종목: VIG US EQUITY(표 7-1)

- **투자 포인트**: 지난 10년간 배당을 꾸준히 늘려온 알짜 기업에 집중한다. 일반적으로는 배당률이 높은 회사는 성장이 정체된 경우가 많으나, 이 ETF에서는 기업이 성장하는 과정에서 배당금도 꾸준히 늘린 기업을 편입한다. 이에 일반적인 배당주 ETF보다 성과 기대가 상대적으로 높다.
- **리스크 요인**: 경기 변동에 민감한 업종 비중이 높다. 경기민감 소비재 비중이 20% 가까이 되고 기술주, 산업재, 헬스케어 등의 비중이 각각 15% 이상이다. 전체 포트폴리오에서 70% 정도가 경기 변동에 민감할 수 있으므로 경기 상황에 따라 성과 변동성이 커질 가능성이 있다.

📈 추천 종목: VNQ US EQUITY(표 7-2)

- **투자 포인트**: 미국 부동산에 투자하는 대표적인 ETF다. 부동산투자신탁(REIT)에서 발행한 주식, 사무실 건물, 호텔 및 기타 부동산을 구매하는 회사에 투자한다. 부동산 관련 기초자산이 다양해 분산 투자 효과가 있으며, 저금리 여건에서는 부동산 가치의 상승 기회가 많다.
- **리스크 요인**: 일반적으로 ETF는 보유자산 현황이 매일 업데이트되는데, VNQ는 월 단위로 공시한다. ETF 포트폴리오 회전율이 낮아서 심각한 위험은 아니나, 참고는 할 필요가 있다. 또한 부동산 사이클에 따라 수익률 방향이 달라질 수 있으므로 부동산 추이를 지속적으로 점검할 필요가 있다.

📊 추천 종목: PFF US EQUITY(표 7-3)

- **투자 포인트**: 뉴욕 거래소와 나스닥에 상장된 우선주에 투자하는 가장 대표적인 ETF다. 우선주는 의결권이 없는 주식으로, 보통주보다는 가격이 낮으나 배당률이 높고 주가 변동성이 크지 않아 투자 안정성이 높다. 약 510개의 종목에 분산 투자되어 있으므로 개별 종목의 주가 변동이 ETF의 성과에 미치는 영향은 상당히 제한적이다. 배당 성과를 매월 지급한다는 점도 매력적이다.

- **리스크 요인**: 주식시장이 활황일 때는 보통주를 기초자산으로 하는 ETF보다 성과가 상대적으로 낮다. 한편 미국은 우선주를 발행할 때 우선주별로 배당 조건 및 만기 일정이 다르다. 금리가 낮아지는 기간에는 우선주를 신규 발행할 때 기존 우선주보다 고정배당금을 낮추는 경우가 많은데, 그에 따라 ETF 전체 배당수익률도 낮아질 가능성이 있다.

📊 추천 종목: AGG US EQUITY(표 7-4)

- **투자 포인트**: 미국 채권에 투자하는 가장 대표적인 ETF다. 일반적으로 채권형 자산은 금리가 상승하면 자본차익이 줄어드는데, AGG는 국채 및 회사채, MBS 등에 골고루 분산 투자되어 있어 성과 변동성이 상대적으로 작아 안정적이다.

- **리스크 요인**: 일반적으로 경기가 좋아지면 국채 가격은 하락하고 회사채 가격은 상승해 서로 보완적인 역할을 한다. 그런데 경기가 너무 활황이거나 경제에 일시적인 쇼크가 발생할 경우에는 국채와 회사채 모두 한 방향으로 쏠림 현상이 나타나기도 한다. 따라서 변동성이 커지는 구간

에는 성과 관리 및 리스크 관리가 필요하다.

📈 추천 종목: TIP US EQUITY(표 7-5)

- **투자 포인트**: 물가가 상승하면 채권 가격은 하락한다. 그런데 물가채는 물가가 상승하면 이자와 원금 가치가 상승하고, 물가가 하락하면 이자와 원금 가치가 하락하는 특징이 있다. 물가 상승에 따른 효과를 채권의 형태로 얻고 싶을 때는 물가채가 제격이다. 이처럼 채권 투자를 고려할 때, 인플레이션 헤지 수단으로 보완적으로 활용하기에 좋다.

- **리스크 요인**: 물가채 금리는 실질금리의 프록시(보완성 지표)로 활용된다. 즉, 국채금리에서 기대인플레이션을 차감한 실질적 수취 금리로 해석할 수 있다. 실질금리가 하락하는 과정에서는 물가채 가격이 높아져 자본차익 기대가 높아지나, 실질금리가 상승하는 경우에는 그 반대가 된다. 만약 인플레이션이 진행되는 과정이라도, 기대인플레이션보다 국채금리 상승이 두드러질 경우에는 자본이익상 평가손실이 나타날 수 있다.

표 7-1 인컴형: VIG US EQUITY

income	1		
티커	VIG US EQUITY		
종목명	VANGUARD DIVIDEND APPREC ETF		
운용사	Vanguard		
기본 정보	펀드자산(10억 달러)	편입 종목 수(개)	비용(%)
	58	214	0.06
펀드플로(100만 달러)	2019년	2020년	2021년 연초 이후
	4,831	4,877	664
연평균 수익률(%)	지난 5년	지난 3년	지난 1년
	15	17	40

원 포인트 레슨

안정적
배당
추구

투자 지역 및 비중(%)	
미국	95.5
아일랜드	3.6
스위스	0.8
버뮤다	0.1

투자 업종 및 비중(%)	
Retail	14.8
Software	7.7
Pharmaceuticals	6.7
Media	6.6
Diversified Finan Serv	5.9

상위 10개 종목

기업명	종목코드	보유 비중(%)	산업	시가총액(10억 달러)	PER(배)	배당수익률(%)
마이크로소프트	MSFT US	4.6	소프트웨어	1,927	33.7	0.9
월마트	WMT US	3.9	소매업-필수소비재	392	26	1.6
존슨앤드존슨	JNJ US	3.8	바이오 & 의약품	421	17	2.5
유나이티드헬스 그룹	UNH US	3.5	헬스케어 시설 & 서비스	355	21	1.3
월트디즈니	DIS US	3.8	엔터테인먼트 콘텐츠	340	69	-
홈디포	HD US	3.1	소매 - 자유소비재	344	25	2.1
P&G	PG US	3.4	가정용품	334	23	2.6
비자 Class A	V US	3.6	기술 서비스	490	38	0.6
컴캐스트 Class A	CMCSA US	2.7	케이블 통신	244	19	1.9
오라클	ORCL US	2.3	소프트웨어	222	16	1.7
상위 10개 종목 비중		35%				

표 7-2 인컴형: VNQ US EQUITY

원 포인트 레슨

부동산에 기반한 인컴 형성

income	2
티커	VNQ US EQUITY
종목명	VANGUARD REAL ESTATE ETF
운용사	Vanguard

기본 정보	펀드자산(10억 달러)	편입 종목 수(개)	비용(%)
	37	175	0.12
펀드플로(100만 달러)	2019년	2020년	2021년 연초 이후
	2,343	-2,031	2,144
연평균 수익률(%)	지난 5년	지난 3년	지난 1년
	7	13	30

투자 지역 및 비중(%)	
미국	100.0

투자 업종 및 비중(%)	
REITS	95.1
Real Estate	4.8
Agriculture	0.0
Home Builders	0.0
Diversified Finan Serv	0.0

상위 10개 종목

기업명	종목코드	보유 비중(%)	산업	시가총액(10억 달러)	PER(배)	배당수익률(%)
Vanguard Real Estate II Index Fund Class Insti	VRTPX US	12.0	-	-	-	2.1
아메리칸 타워	AMT US	6.7	리츠	107	47	2.1
프로로지스	PLD US	5.1	리츠	81	60	2.3
크라운 캐슬 인터내셔널	CCI US	4.7	리츠	76	73	3.0
이퀴닉스	EQIX US	4.1	리츠	62	92	1.7
디지털 리얼티 트러스트 Common Shares	DLR US	2.6	리츠	42	116	3.2
퍼블릭 스토리지	PSA US	2.6	리츠	46	35	3.0
사이먼 프로퍼티 그룹 Common Stock	SPG US	2.6	리츠	37	26	4.6
SBA 커뮤니케이션스	SBAC US	2.0	리츠	31	148	0.8
웰타워	WELL US	2.0	리츠	31	115	3.2
상위 10개 종목 비중		44%				

표 7-3 인컴형: PFF US EQUITY

income	3		
티커	PFF US EQUITY		
종목명	ISHARES PREFERRED & INCOME S		
운용사	Blackrock		
기본 정보	펀드자산(10억 달러)	편입 종목 수(개)	비용(%)
	19	511	0.46
펀드플로(100만 달러)	2019년	2020년	2021년 연초 이후
	1,999	2,367	-590
연평균 수익률(%)	지난 5년	지난 3년	지난 1년
	6	7	21

투자 지역 및 비중(%)		투자 업종 및 비중(%)	
미국	91.2	Banks	32.3
버뮤다	3.9	Electric	14.3
캐나다	1.3	REITS	11.5
룩셈부르크	1.1	Insurance	11.2

표 7-4 인컴형: AGG US EQUITY

income	4		원 포인트 레슨
티커	AGG US EQUITY		글로벌 채권 대표 ETF
종목명	ISHARES CORE U.S. AGGREGATE		
운용사	Blackrock		
기본 정보	펀드자산(10억 달러)	편입 종목 수(개)	비용(%)
	86	9,487	0.04
펀드플로(100만 달러)	2019년	2020년	2021년 연초 이후
	8,954	12,546	3,599
연평균 수익률(%)	지난 5년	지난 3년	지난 1년
	3	5	0

투자 지역 및 비중(%)		투자 업종 및 비중(%)	
미국	94.7	Government	44.4
캐나다	1.3	Corporate	29.4
영국	0.9	Mortgage	27.4
일본	0.6	Municipal	0.7
네덜란드	0.4		

표 7-5 인컴형: TIP US EQUITY

income	5		원 포인트 레슨
티커	TIP US EQUITY		물가 상승을 누리는 채권
종목명	ISHARES TIPS BOND ETF		
운용사	Blackrock		
기본 정보	펀드자산(10억 달러)	편입 종목 수(개)	비용(%)
	26	53	0.19
펀드플로(100만 달러)	2019년	2020년	2021년 연초 이후
	-1,845	3,835	452
연평균 수익률(%)	지난 5년	지난 3년	지난 1년
	4	6	5

투자 지역 및 비중(%)		투자 업종 및 비중(%)	
미국	100.0	Government	100.0

08

10년을 바라보는
테마픽 Top 5

무형자산에 숨겨진
기술의 가치

△
△
△

앞으로 10년 뒤에 세상은 어떻게 달라져 있을까? 우리가 준비해야 할 노후는 현재가 아닌 미래이므로, 그에 맞춰서 투자해야 한다. 미래에 가치가 없는 산업이라면 장기 투자를 할 수가 없고, 시간의 함수가 무력해진다. 그러면 확률적으로 이기는 게임을 세팅할 수 없고, 노후 준비 역시 안전판에서 멀어지게 된다. 따라서 지금 공격적으로 보이는 산업이라도, 지금 주가가 많이 오른 듯한 산업이라도, 앞으로 10~20년 뒤에 보편적으로 활용될 가능성이 큰 산업이라면 비중을 높여 투자할 필요가 있다.

이 책에서는 다섯 가지 테마를 제안한다. 이 테마에 속하는 업종들에는 두 가지 공통점이 있는데 첫 번째는 미래에 보편적으로 사용될 기술을 기초로 한다는 점이고, 두 번째는 재무제표에 숨겨진 무형자산의 중요성이 큰 산업군이라는 점이다.

기업 가치는 무형자산과 유형자산으로 나눠진다(그림 8-1). 일반적으로 재무제표에 기록되는 대부분의 자산 가치는 유형자산으로 구분된다. 무형자산은 비용이 발생한 시점을 기준으로 연구비로 인식하거나 실제 활용이 가능해졌을 때 개발비로 인식하는 것이 대부분이며, 이마저도 원가로 반영되기 때문에 해당 연구나 개발을 통해 발생하는 부가가치는 재무제표에 포함되지 않는다.

물론 약 25년 전과 비교하면 유형자산 대비 무형자산의 가치가 높게 평가되고 있다. 1995년에는 S&P500에 편입된 종목의 자산 가치에서 유형자산 규모가 약 1.5조 달러이고 무형자산이 약 3.1조 달러였던 반면, 2018년에는 유형자산이 약 4조 달러이고 무형자산이 약 21조 달러로 성장했다. S&P500에 편입된 기업의 무형자산 규모가 유형자산의 약 4배 수준까지 높아진 것이다.

이러한 추세는 2020년에도 가속화돼, 2020년 S&P500 기업이 재무제표상에서 보유한 무형자산의 비중이 90%까지 확대되는 모습도 보였다(그림 8-2). FANG의 주가 상승도 무형자산의 평가가 중요해졌기 때문이다.

그런데 무형자산의 핵심이라고 할 수 있는 지식재산권은 지금까지도 평가가 제대로 이뤄지지 않고 있다. 또한 소프트웨어나 각종 데이터베이스, 브랜드 가치, 인적자본, 라이선스 등도 공표되지 않은 무형자산으로 가치를 제대로 인정받지 못하고 있다. 유형자산 대비 무형자산의

그림 8-1 기업 가치의 구성 요소

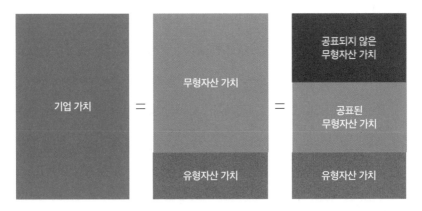

그림 8-2 1975년 이후 S&P500에서 무형자산의 비중 변화

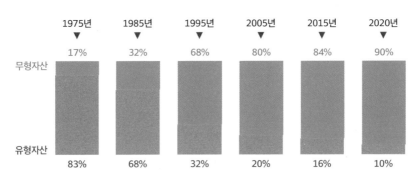

출처: 한국경제, "무형자산 시대 도래했다", 2020.11.20.

비중이 높아진 것은 사실이나, 그 가치가 정확하게 환산되어 평가되고 있다고는 볼 수 없는 것이다.

이런 측면에서 볼 때, 미래에 보편적으로 사용될 소프트웨어 기술을 가진 기업 또는 무형자산의 중요성이 높은 산업 중에서 재무제표에 공표되지 않은 무형자산이 많은 기업은 어쩌면 주가가 저평가되어 있을 가능성도 있다.

　앞으로 우리가 맞이하게 될 세상은 유형자산보다 무형자산의 중요성이 높게 평가될 것이다. 회계기준상에서 무형자산을 평가하는 기준이 기업 가치를 평가하는 데 객관성을 높이는 쪽으로 변해간다면 기업의 가치 또한 새로운 밸류에이션을 형성할 것으로 보인다. 따라서 미래를 바라보고 장기적으로 투자하는 것을 목표로 한다면 무형자산의 가치가 성장할 수 있고 더 높게 평가될 수 있는 업종에 관심을 높여야 한다.

　이런 측면에서 다섯 가지 테마는 반드시 포트폴리오의 일부로 편입해야 하는 중요성을 가진다.

불로초보다 좋은
헬스케어·제약·바이오 테마:

제약, 바이오, 헬스케어, 원격의료

△
△
△

우리 삶에서 바이러스라는 단어를 이렇게 피부에 와닿도록 경험한 적이 또 있었던가. 때에 따라 아플 수도 있고 건강을 잃어 힘든 시간을 보내기도 하지만, 전 세계가 바이러스 공포에 맥을 못 추게 된 현실은 상당히 낯설고 두렵게 느껴진다.

2020년, 코로나바이러스가 우리의 삶을 많은 부분에서 바꿔놓았다. 12월 기준, 글로벌 확진자 수가 대한민국 인구(5,000만 명)를 넘고, 그중 100만 명 이상이 사망했다. 세계보건기구WHO는 전염병 경보 단계를 총 6단계로 분류하는데, 우리가 2020년 한 해 동안 치열하게 겪어낸 팬데믹 pandemic은 6단계 중 최고 수준의 경보다.

이제는 매일 뉴스를 보며 확진자 수가 몇 명인지 체크하는 것이 일상이 됐고, 누군가가 옆에서 기침을 하면 '혹시?' 하는 불안감에 자리를 옮기게 됐으며, 언젠가 나도 바이러스에 걸릴 수 있다는 불안감과 어쩌면 나도 죽을 수 있다는 공포가 우리의 잠재의식 깊은 곳에 자리하게 됐다.

우리는 마스크를 쓰지 않으면 지하철도 탈 수 없고, 옆자리 동료와 대화하는 것도 불편해지는 시대를 살고 있다. 확진자 수 변동과 사회적 거리두기 단계에 따라 조금씩 차이는 있겠지만, 바이러스는 급기야 일상의 영역까지 침투했다. 우리는 면역력 보강이 생존 여부와 직결되는 위험한 환경에 노출됐고, 이 모든 것이 되돌릴 수 없는 현실이 되어버렸다.

팬데믹 공포는 이번이 처음일까?

WHO는 글로벌 전염병 경보 단계를 총 6단계로 나눈다. 1단계는 동물 사이에 한정된 전염으로 사람에게 안전한 상태, 2단계는 동물 사이 전염 이후 사람에게 전염될 수 있는 가능성이 제기된 상태, 3단계는 동물 사이 전염을 넘어 사람에게 전염된 상태, 4단계는 사람 간 전염이 시작된 초기 상태, 5단계는 한 지역에서 여러 사람이 전염되고 전 세계 유행병이 될 수 있는 초기 상태, 그리고 마지막 6단계는 세계적 유행병이 된 상태를 말한다.

코로나19 바이러스 이전에 가장 대표적인 전염병 사례로는 흑사병을 꼽는다. 흑사병은 쥐벼룩에 붙어사는 페스트균이 원인이었는데, 당시 사망자 수가 약 2억 명으로 중세 유럽 인구의 3분의 1에 달했다고 한다.

WHO가 설립된 이후 팬데믹이 선언된 대표적인 사례가 스페인독감, 홍콩독감, 신종플루다. 1918년에 발생한 스페인독감은 세계 인구의 3분의 1을 감염시켰고, 사망자 수는 약 5,000만 명으로 추정된다. 1968년의 홍콩독감은 조류독감과 사람에게 전염되는 독감 바이러스가 결합한 새로운 형태에 의한 것이었는데, 약 100만 명의 사망자가 발생했다. 2009년 신종플루(인플루엔자A)로는 약 20만 명의 사망자가 발생했다. 앞선 사례들보다 사망자 수는 적지만 바이러스가 몸속에 있는 기저질환을 빠르게 악화시키고 급성 폐렴을 유발하는 등 위험이 높아 팬데믹 등급을 받았다.

바이러스가 우리 삶에 준 메시지는 뚜렷하다. '우리는 앞으로도 살아야 하고, 건강하게 살아가야 한다'는 것이다.

'건강한 삶'이라는 키워드가 남녀노소, 세대를 초월해서 중요해졌다. 면역력이 생존과 결부되면서 일상생활에서부터 면역을 보강하는 일에는 방법과 비용을 막론하고 높은 관심을 가지게 됐다. 이것이 우리가 바이오와 헬스케어에 집중해야 하는 이유다.

제약·바이오 vs. 헬스케어

일반적으로 바이오 헬스케어란 생명공학과 의·약학 지식에 기초하여 인체에 사용되는 제품을 생산하거나 서비스를 제공하는 산업, 의약품·의료기기 제조업, 의료·건강 관리 서비스업 등을 포함하는 포괄적 개념이다. 일반적으로는 바이오와 헬스케어를 혼용하기도 하는데, 투자자라면 이 둘을 구분하여 볼 필요가 있다.

두 분야는 비즈니스 모델이 다르기 때문에 사업의 목표와 주가를 움직이는 요소 또한 다르다. 바이오는 생명공학, 의약품 제조 등 제약 부문을 말한다. 그래서 일반적으로 제약·바이오라고 지칭한다. 대표적인 해외 기업으로는 미국의 존슨앤드존슨·머크·화이자·암젠, 독일의 바이엘, 스위스의 로슈 등이 있다. 그리고 한국의 대표적인 기업으로는 유한양행, GC녹십자, 광동제약, 한미약품, 셀트리온 등이 있다.

제약·바이오 기업의 사업은 '치료'에 방점을 두므로 이들 기업의 사업 목표는 대부분 당뇨, 암, 염증성 질환 등에 적합한 약 또는 치료제를 개발하는 것이다. 따라서 치료약의 효능을 점검하는 실험(1상, 2상, 3상)의 성공 여부가 기업의 미래가치와 직결된다. 제약·바이오 기업의 주가 변동성이 큰 것도 이 때문이다. 실험의 결과가 1상을 통과하면 2상·3상 통과 가능성을 선반영하여 주가가 상승하는데, 만약 2상 결과가 충분하지 못한 경우에는 선반영된 주가 상승분만큼 또는 그 이상의 주가 하락이 나타난다.

앞으로 우리의 삶에서, 특히 장수위험이 높은 지금 세대의 삶에서는 더욱 다양한 질병에 대한 치료가 요구될 가능성이 크다. 다시 얘기하면, 우리의 수명이 길어질수록 제약·바이오 기업은 가치가 더욱 높아질 가능성이 매우매우 크다.

한편 헬스케어는 의료상비 및 관련 약품 판매 능을 주력으로 한다. 대표적인 기업으로는 미국의 덱스콤, 인슐렛 코퍼레이션, 아카디아 파마수티컬스 등이 있으며 한국에서는 셀트리온헬스케어가 대표적이다.

헬스케어 사업은 '예방'에 방점을 둔다. 즉, 미리 건강한 몸을 만드는 것이 핵심이다. 이에 헬스케어 기업의 주가 변동성은 제약·바이오 기업만큼 크지 않다. 다만, 일반적으로 제약·바이오와 헬스케어라는 용어가 섞여서 쓰이는 만큼 의료 부문에 대한 이벤트가 발생하면 주가가 함께 출렁거릴 수밖에 없다. 특히 일부 종목 관련 뉴스가 주가 변동성을 높이는 경우가 많으므로 개별 종목 단위 투자에서는 주의가 필요하다.

원격의료 시스템 및 디지털 헬스

코로나바이러스 이후 바이오 및 헬스케어 부문에서 새롭게 떠오르는 분야가 있다. 원격의료telehealth 시스템 및 디지털 헬스digital health다. 바이러스 확산 초기에 국경을 봉쇄하거나 지역 내 이동 금지 조치를 강력히 실행함에 따라 정작 아픈 사람도 제대로 진료받지 못하는 사태가 발생했고, 한편으로는 '나중에 원할 때 진료를 받지 못하는 상황이 올 수도 있다'라는 불안감이 확산된 것이 배경이다.

요즘에는 열을 동반한 신체 이상이 나타나면 병원에서 바로 진료를 받을 수 없다. 선별진료소에서 코로나바이러스 검사를 하고 음성임이 확인된 후에야 의사에게 진찰을 받을 수 있다. 백신이 공급돼 바이러스 확산이 진정되면 이런 상황도 조금은 나아질 것이다. 그러나 거대한 축의 변화를 겪고 나면 이전으로 회귀하기가 쉽지 않고, 본질적으로 같은 문제가 반복되지 않도록 제시하는 서비스가 늘어난다.

바이오 및 헬스케어 부문에서도 비대면은 중요한 키워드가 됐고, 미래 의료 서비스로 나아가는 터닝 포인트turning point(전환점)가 되고 있다. 앞으로는 진료·진단·처방에도 원격진료telemedicine의 도입 필요성이 더욱 커질 것이고, 디지털을 기반으로 한 원격의료 부문에 투자 자금이 집중적으로 투입돼 성장성이 확대될 것이다.

WHO는 원격의료 시스템을 원격진료와 원격의료로 나누어 정의한다. 원격진료는 의사에 의해 관리되는 서비스를 의미하고, 원격의료는 간호사·약사·기타 의료진에 의해 제공되는 서비스를 말한다. 한편 디지털 헬스는 다양한 소프트웨어 응용 프로그램 및 하드웨어를 활용한 의료 서비스를 의미하며 맞춤형 의약품을 포함하기도 한다.

디지털 기반 의료 서비스에 대한 수요는 환자와 의사 양쪽 모두에서 높다. 미국에서 '코로나19 이후 중요해진 서비스'에 대한 설문조사가 있었는데, 원격의료의 중요성이 커졌다는 응답이 75%를 넘었다. 또한 의사들을 대상으로 앞으로 원격진료를 확대할 계획인지에 대한 설문조사에서 60% 이상이 그렇다고 답했다.

서비스를 공급하는 의료진과 서비스를 제공받는 환자가 모두 이 서비스에 대한 수요를 가지고 있다는 것은 기존의 의료 서비스 제공 방법에 비효율과 불만이 많았음을 의미한다. 실제로 미국은 선진국 중에서 보편적 의료 시스템이 없는 유일한 나라로, 보건지출이 GDP의 17% 이상을 차지한다.[1] 의료비 부담이 높다는 것은 의료비 절감을 위한 유인이 높음을 시사하며, 원격의료 시 의료비용을 50% 이상 절감할 수 있을 것으로 예상된다.

한국보건산업진흥원 보고서[2]에는 글로벌 원격의료와 관련하여 다양한 사례가 실렸다. 뉴욕마운트시나이눈귀진료소NYEE는 노인성 황반변성AMD 탐지 방법을 개발하여 향후 1~2년 내 질병 진척 속도를 예측하고 즉시 진단할 수 있다. 메릴랜드주 프레더릭메모리얼병원Frederick Memorial Hospital에서는 만성 치료 관리 프로그램Chronic Care Management Program을 도입하여 원격 환자 모니터링 플랫폼을 시작했다. 이를 통해 응급실 방문을 절반으로 줄이고, 입원율을 약 90% 줄였으며, 치료비용을 50% 이상 절감했다. 필라델피아 제퍼슨건강병원Jefferson Health Hospital은 제프커넥트JeffConnect라는 원격의료 플랫폼을 도입하여 고가의 의료시설을 사용하는 약 650명의 환자를 원격진료로 전환, 300달러에서 1,500달러 이상의 비용을

1   OECD Health Statistics, 2020
2   한국보건산업진흥원, "글로벌 보건 산업 동향", 2020.6

절감했다.

이들 사례는 빙산의 일각이다. 원격의료가 상용화되면 양적·질적으로 상당한 성장이 기대된다. 관련 업종 애널리스트의 분석에 따르면, 원격의료와 디지털 헬스케어 수요는 전체 의료 수요의 20%(코로나 이전에는 0.2% 수준)까지 대체할 수 있을 것으로 보인다.[3] 또한 2025년까지 연평균 25%에 가까운 성장이 기대된다고 전망한다. 2020년 기준 전 세계 헬스케어 시장 규모가 약 10조 달러임을 고려하면 2025년에는 3배 정도 성장한 30조 달러 규모가 기대된다는 뜻이다. 한편 미국 소프트웨어 회사 인텔렉트소프트Intellectsoft는 앞으로 성장 가능성이 큰 애플리케이션(앱) 서비스로 로봇지원 수술, 가상 간호조무사, 약물복용 오류 체크 등을 언급했다.

요즘 실리콘밸리에서 주목받는 디지털 헬스케어 기업들[4]

전통적인 헬스케어 방식에서 AI, 클라우드, 빅데이터 등을 활용한 의료 서비스 제공으로 전환한 기업들이 있다. 2019년 디지털 헬스 시장 투자 규모는 약 74억 달러였는데, 피트니스 & 웰니스 부문이 약 12억 달러, 맞춤형 헬스케어 약 11억 달러, 질병 모니터링 서비스 약 8억 달러, 질병진단 및 질병치료에 약 15억 달러 등이 투자됐다. 대표적인 기업으로는 원메디컬One Medical, 캐스퍼Casper, 리봉고 헬스Livongo Health, 헬스 카탈리스트Health catalyst, 펠로톤Peloton 등이 있다.

---

3 미래에셋증권, 김충현, "헬스케어에 불어오는 디지털 바람에 올라타는 ETF", 2020.8
4 https://byline.network/2020/07/22-85

혁신의 아이콘인 실리콘밸리에서 요즘 투자자들이 모이는 회사들 중에는 원격의료 솔루션 관련 기업이 많다. 전통적인 방식의 헬스케어 시스템을 개편하거나 AI 및 빅데이터, 클라우드를 활용한 맞춤 시스템 또는 원격의료에 적합한 병원 운영 관리 시스템 등을 도입한 곳들이다. 특히 최근에는 질병 모니터링, 질병 진단, 질병 치료, 임상 의사결정 지원, 정밀의학 관련 부문에도 투자가 확대되는 추세다. 앞으로 우리는 IT 기술을 활용해 지극히 개인적인 수준에서 상당히 세분화되고 전문화된 의료 서비스를 받을 수 있게 될 것이다.

디지털 의료 서비스 보급의 성패는 디지털 기반이 얼마나 잘 갖춰져 있는가, 즉 디지딜 환경이 얼마나 편안하고 효율적인지와 법률적·의료적 서비스 인프라가 어느 수준인가, 그리고 정책 당국자들이 얼마나 적극적인가에 달려 있다. 의료 서비스가 아무리 선진화되어도 디지털 인프라와 법률적 제반 여건이 충분히 갖춰지지 않으면 서비스 보급이 충분할 수 없고, 반면 디지털 인프라가 충분하지만 의료 서비스 수준이 형편없다면 있으나 마나 한 서비스가 되기 때문이다.

현재 디지털 의료 부문에서 가장 적극적인 행보를 보이는 국가는 중국과 미국이다. 중국은 통신망 확대와 5G 상용화, 의료 인프라 구축과 관련된 엄청난 규모의 공적자본 투자, 원격의료에 적합한 공보험 가이드라인 제공 등을 바탕으로 변화를 주도하고 있다. 다만, 의료 서비스의 질적인 수준에서는 개선이 필요하다. 2018년 중국 보건의료 관련 통계를 보면 중국 인구 1,000명당 의사 수는 3명 정도로 OECD 평균(3.4명)보다 적다.[5] 따라서 중국의 디지털 의료 서비스 핵심은 질적 수준을 개선하는 속도에 있을 것으로 보인다.

미국에도 변화의 바람이 거세게 불고 있다. 높은 수준의 의료 서비스와 실리콘밸리 유능한 엔지니어들의 기술, 그리고 월스트리트의 자금이 결합하여 디지털 의료 서비스 부문의 양적·질적 서비스를 확대하고 있다. 2019년 이후로 환자와 주치의 간 온라인 진료 및 비대면 상담도 의료비 보험 지원 대상이 되도록 변경해 기반도 마련된 상태다. 특히 현재는 병원을 예약하고 진료를 받기까지 평균적으로 60일 이상 걸리기에 원격의료에 대한 수요는 폭발적으로 늘어날 것으로 기대된다. 다만 디지털 인프라를 개선하는 일이 숙제로 남아 있다. 미국에서 디지털 의료 서비스의 핵심은 디지털 인프라 관련 변화와 의료 인프라의 시너지가 될 것이다.

미국의 원격의료 산업은 엄청난 성장을 보이고 있다. 대표적인 원격의료 기업인 텔라닥 헬스Teladoc Health는 2017년에 클라우드 기반으로 만성질환을 원격으로 케어하는 기업인 리봉고 헬스를 인수하여 규모의 경제를 키우고 있다. 텔라닥의 2020년 10월 기준 유료 멤버십 고객 수는 전년 대비 47% 상승하며 5,000만 명을 넘어섰다.[6]

일본은 2018년에 온라인 진료 평가 항목을 신설했으며, 2020년에는 정보통신기기를 통해 복약 지도 및 처방전 교부를 하고 있다. 영국은 2020년 4월까지 온라인 진료가 가능해졌고, 2021년 4월까지는 영상이나 음성 등 실시간 영상진료를 받을 수 있도록 준비하고 있다. 한국은 아쉽

---

5 한국보건산업진흥원, "중국 의료 산업 보고서", 2020
6 삼성증권, 이명진 애널리스트 보고서, 2020.10

게도 지금까지 원격의료와 관련된 단추를 제대로 끼우지 못하고 있다.

바이오 및 헬스케어 관련 대표적인 ETF로는 XLVHealth Care Select Sector SPDR Fund, VHTVanguard Health Care ETF, IBBiShares NASDAQ Biotechnology ETF, ARKGARK Genomic Revolution ETF, IXJiShares Global Healthcare ETF 등이 있고 의료장비 및 원격의료 관련 ETF로는 IHIiShares U.S. Medical Devices ETF, EDOCGlobal X Telemedicine & Digital Health가 있다. 또한 중국의 바이오테크에 투자하는 CHB US EQUITYGlobal X China Biotech Innovation ETF도 중장기적으로 성장이 기대된다. 또한 한국에는 KODEX바이오, TIGER바이오, KODEX헬스케어, TIGER헬스케어 등이 있다.

다양한 ETF 중에서 향후 10년간 주목해서 볼 필요가 있는 ETF는 XLV, IBB, ARKG, CNCR, CHB, EDOC이다.

📈 **추천 종목: XLV US EQUITY**(표 8-1)

- **투자 포인트**: 미국 헬스케어 기업에 집중적으로 투자하는 가장 대표적인 ETF다. 제약 업종과 헬스케어 장비 업종 비중이 각각 37%로 균등하며, 전체 포트폴리오에서 두 업종이 차지하는 비중은 70%가 넘는다. 대표적인 기업으로 존슨앤드존슨, 유나이티드헬스, 화이자, 머크 등이 있다.

- **리스크 요인**: 가장 큰 요인은 정책 리스크다. 미국은 공적보험이 열악해 의료비 부담이 크다. 바이든 정부가 오바마케어 같은 의료복지 정책을 되살릴 경우, 의약품 가격은 규제하고 복제약 처방을 장려하는 조치가 예상된다. 이 경우 미국 제약사는 상대적으로 수익 개선이 둔화될 위험이 있다.

📈 **추천 종목: IBB US EQUITY**(표 8-2)

- **투자 포인트**: 나스닥에 상장된 글로벌 바이오 테크놀로지 기업에 투자하는 ETF다. 미국 비중이 91%로 가장 높고 유럽 6%, 아시아 2%로 분산 투자된다. 치료를 목적으로 하는 의약품 생산 기업에 40%를 투자하며, 새로운 바이오 테크 기업에 투자하는 비중은 23% 정도다. 대표적인 기업으로는 암젠, 길리어드 사이언스, 모더나 등이 있다.

- **리스크 요인**: 바이오 기업은 주가 변동성이 헬스케어보다 높아 성과 변동성에 대한 대비가 필요하다. 또한 나스닥에 상장된 기업을 벤치마크로 삼기 때문에 나스닥에 대한 투자심리가 위축될 때는 기업의 이익과 상관없이 수익이 다소 저조해질 위험이 있다.

📈 **추천 종목: ARKG US EQUITY(표 8-3)**

- **투자 포인트**: 유전자공학에 혁신적인 발전을 가져올 기술을 보유한 것으로 평가되는 기업을 선별하여 투자하는 ETF다. 표적치료제, 생물정보학, 줄기세포, 분자진단 개발 등을 비즈니스 모델로 삼은 기업 비중이 높다.

- **리스크 요인**: 기술 특성상 아직은 대부분 기업의 규모가 작은 편이다. 아크인베스트가 보유한 해당 기업의 지분이 지배적인 경우가 많기 때문에 때에 따라 유동성 리스크에 취약할 수 있다.

📈 **추천 종목: CNCR US EQUITY(표 8-4)**

- **투자 포인트**: 선진국에서 암 면역 치료제 승인을 받았거나 임상실험을 진행하고 있는 30개 기업에 균등배분하여 투자하는 ETF다. 오래 사는 위험이 보편화되는 시점에 암 치료는 상당히 중요한 요소다. 이 ETF는 해당 분야의 성장을 위해 조성된 일종의 기금적 성향이 강하므로 장기 투자를 추천한다.

- **리스크 요인**: ETF에 포함된 기업들이 대부분 소기업이고, 종목별로도 시중 거래 유동성이 작다. 단기적 트레이딩으로는 적합하지 않다.

📈 **추천 종목: CHB US EQUITY(표 8-5)**

- **투자 포인트**: 현재 디지털 의료 부문에서 가장 적극적인 행보를 보이는 중국 바이오테크 기업에 투자하는 ETF다. 중국은 통신망 확대와 의료 인프라 구축에 엄청난 규모의 공적자본을 투자하고 있으며, 원격의료에

적합한 공보험 가이드라인을 제공하며 빠른 변화를 일으키고 있다. 이런 변화를 정부가 주도하므로 해당 산업의 성장성이 두드러질 것으로 기대된다.

- **리스크 요인**: 포트폴리오는 홍콩에 상장된 기업이 대부분이다. 따라서 기초자산이 거래되는 시간과 ETF가 거래되는 시간이 달라서 장중에는 가격 괴리율이 높을 수 있다.

📈 추천 종목: EDOC US EQUITY(표 8-6)

- **투자 포인트**: 원격의료 부문에서 혁신을 추구하는 글로벌 바이오테크 기업에 집중 투자하는 ETF다. ETF에 포함된 기업들은 원격진료뿐만 아니라 진단, 분석, 의료기기 관리까지 포괄한다. 글로벌 미래 의료 산업에 장기적으로 분산 투자하기 적합하다.

- **리스크 요인**: 원격의료에는 안정적이고 수준 높은 디지털 환경이 필요하다. 또한 의료진의 수준, 의료장비 기술 수준에 따라서 발전 속도가 천차만별이다. 원격의료 산업의 성장성은 중장기적인 시각으로 판단해야 하며, 투자 기간에 주가 변동성이 상당히 커질 수 있으므로 성과 관리가 필요하다.

표 8-1 헬스케어·제약·바이오 테마: XLV US EQUITY

Bio & Healthcare	1
티커	XLV US EQUITY
종목명	HEALTH CARE SELECT SECTOR
운용사	State Street Global Advisors

기본 정보	펀드자산(10억 달러)	편입 종목 수(개)	비용(%)
	25	64	0.13
펀드플로(100만 달러)	2019년	2020년	2021년 연초 이후
	-923	2,798	-1,505
연평균 수익률(%)	지난 5년	지난 3년	지난 1년
	13	15	28

투자 지역 및 비중(%)	
미국	100.0

투자 업종 및 비중(%)	
Pharmaceuticals	39.7
Healthcare Equipment & Supplies	33.8
Healthcare Providers & Services	17.6
Biotechnology & Medical Research	7.3
Food & Drug Retailing	1.1
Machinery, Equipment & Components	0.5

상위 10개 종목

기업명	종목코드	보유 비중(%)	산업	시가총액(10억 달러)	PER(배)	배당수익률(%)
존슨앤드존슨	JNJ US	9.8	바이오 & 의약품	421	17	2.5
유나이티드헬스 그룹	UNH US	8.0	헬스케어 시설 & 서비스	355	21	1.3
애보트 래버러토리	ABT US	4.9	의료 장비	215	24	1.5
화이자	PFE US	4.6	생명공학 및 제약	207	11	4.1
애브비	ABBV US	4.3	바이오 & 의약품	187	9	4.9
머크	MRK US	4.6	생명공학 및 제약	193	12	3.4
써모 피셔 사이언티픽	TMO US	4.1	의료 장비	188	22	0.2
메드트로닉	MDT US	3.7	의료 장비 & 기기	167	22	1.9
일라이 릴리	LLY US	3.4	헬스케어 시설 & 서비스	175	24	1.9
암젠	AMGN US	3.3	생명공학 및 제약	144	15	2.8
상위 10개 종목 비중		51%				

표 8-2 헬스케어·제약·바이오 테마: IBB US EQUITY

원 포인트 레슨

나스닥
생명과학 관련
대표 기업 모음

Bio & Healthcare	2		
티커	IBB US EQUITY		
종목명	ISHARES NASDAQ BIOTECHNOLOGY		
운용사	Blackrock		
기본 정보	펀드자산(10억 달러)	편입 종목 수(개)	비용(%)
	10	285	0.47
펀드플로(100만 달러)	2019년	2020년	2021년 연초 이후
	-1,503	777	-415
연평균 수익률(%)	지난 5년	지난 3년	지난 1년
	10	12	31

투자 지역 및 비중(%)	
미국	100.0

투자 업종 및 비중(%)	
Pharmaceuticals	35.2
Healthcare Equipment & Supplies	32.7
Healthcare Providers & Services	16.6
Biotechnology & Medical Research	14.0
Food & Drug Retailing	0.9
Machinery, Equipment & Components	0.5

상위 10개 종목

기업명	종목코드	보유 비중 (%)	산업	시가총액 (10억 달러)	PER (배)	배당수익률 (%)
암젠	AMGN US	8.1	생명공학 및 제약	144	15	2.8
길리어드 사이언스	GILD US	6.5	바이오 & 의약품	82	9	4.3
모더나	MRNA US	4.7	생명공학 및 제약	64	7	-
일루미나	ILMN US	4.8	의료 장비 & 기기	58	72	-
버텍스 파마수티컬스	VRTX US	4.6	바이오 & 의약품	56	19	-
리제네론 파마수티컬스 Common Stock	REGN US	4.2	생명공학 및 제약	52	10	-
바이오젠	BIIB US	3.3	생명공학 및 제약	40	14	-
알렉시온 파마수티컬스	ALXN US	2.7	바이오 & 의약품	34	12	-
시젠	SGEN US	2.2	생명공학 및 제약	26	-	-
아스트라제네카	AZN LN	0.0	생명공학 및 제약	95	20	2.8
상위 10개 종목 비중		41%				

표 8-3 헬스케어·제약·바이오 테마: ARKG US EQUITY

원 포인트 레슨
유전자공학 혁신에 초점을 둔 기업에 투자

Bio & Healthcare	3		
티커	ARKG US EQUITY		
종목명	ARK GENOMIC REVOLUTION ETF		
운용사	ARK		
기본 정보	펀드자산(10억 달러)	편입 종목 수(개)	비용(%)
	10	57	0.75
펀드플로(100만 달러)	2019년	2020년	2021년 연초 이후
	126	5,226	2,992
연평균 수익률(%)	지난 5년	지난 3년	지난 1년
	39	53	169

투자 지역 및 비중(%)

미국	95.0
프랑스	3.00
일본	0.87
이스라엘	0.85

투자 업종 및 비중(%)

Biotechnology	67.4
Advanced Medical Equipment & Technology	8.9
Pharmaceuticals	7.1
Medical Equipment, Supplies & Distribution	6.1
Healthcare Facilities & Services	4.2

상위 10개 종목

기업명	종목코드	보유 비중(%)	산업	시가총액(10억 달러)	PER(배)	배당수익률(%)
텔라닥 헬스	TDOC US	7.1	헬스케어 시설 & 서비스	29	-	-
퍼시픽 바이오사이언시스 오브 캘리포니아	PACB US	4.8	의료 장비	6	-	-
이그젝트 사이언시스	EXAS US	5.0	의료 장비 & 기기	21	-	-
리제네론 파마수티컬스 Common Stock	REGN US	4.7	생명공학 및 제약	52	10	-
Twist Bioscience Corp	TWST US	4.0	바이오 & 의약품	7	-	-
버텍스 파마수티컬스	VRTX US	4.1	바이오 & 의약품	56	19	-
노바티스 - 예탁증서	NVS US	4.1	생명공학 및 제약	214	14	2.4
다케다 제약 - 예탁증서	TAK US	4.0	생명공학 및 제약	54	-	4.4
로슈 홀딩 - 예탁증서	RHHBY US	3.7	생명공학 및 제약	290	-	1.9
페이트 세러퓨틱스	FATE US	3.4	생명공학 및 제약	8	-	-
상위 10개 종목 비중		45%				

표 8-4 헬스케어·제약·바이오 테마: CNCR US EQUITY

원 포인트 레슨

암 면역에 특화된 바이오 신약회사에 투자

Bio & Healthcare	4		
티커	CNCR US EQUITY		
종목명	LONCAR CANCER IMMUNOTHERAPY		
운용사	loncer		
기본 정보	펀드자산(100만 달러)	편입 종목 수(개)	비용(%)
	45.4	31	0.79
펀드플로(100만 달러)	2019년	2020년	2021년 연초 이후
	-6	-4	-1
연평균 수익률(%)	지난 5년	지난 3년	지난 1년
	4	0	36

투자 지역 및 비중(%)		투자 업종 및 비중(%)	
미국	65.8	Bio Therapeutic Drugs	57.0
독일	7.7	Biotechnology & Medical Research - NEC	21.1
캐나다	5.8	Pharmaceuticals - NEC	12.5
영국	5.7	Bio Diagnostics & Testing	3.4

상위 10개 종목

기업명	종목코드	보유 비중(%)	산업	시가총액(10억 달러)	PER(배)	배당수익률(%)
I-Mab - Depositary Receipt	IMAB US	5.2	생명공학 및 제약	4	-	-
베이진 - 예탁증서	BGNE US	4.9	바이오 & 의약품	28	-	-
Allogene Therapeutics Inc	ALLO US	4.6	생명공학 및 제약	5	-	-
Scholar Rock Holding Corp	SRRK US	4.6	생명공학 및 제약	1	-	-
매크로제닉스	MGNX US	4.7	생명공학 및 제약	2	-	-
넥타 세러퓨틱스	NKTR US	4.6	생명공학 및 제약	3	-	-
Arcus Biosciences Inc	RCUS US	4.2	생명공학 및 제약	2	-	-
아르헨익스 - 예탁증서	ARGX US	3.7	생명공학 및 제약	14	-	-
젠코	XNCR US	3.7	생명공학 및 제약	3	-	-
길리어드 사이언스	GILD US	3.6	바이오 & 의약품	82	9	4.3
상위 10개 종목 비중		44%				

표 8-5 헬스케어·제약·바이오 테마: CHB US EQUITY

원 포인트 레슨

중국
바이오테크 기업에
포커스

Bio & Healthcare	5
티커	CHB US EQUITY
종목명	GLOBAL X CHINA BIOTECH INNOV
운용사	Mirae Asset

기본 정보	펀드자산(100만 달러)	편입 종목 수(개)	비용(%)
	6.5	33	0.67

펀드플로(100만 달러)	2019년	2020년	2021년 연초 이후
	-	1	4

투자 지역 및 비중(%)

미국	100.0

투자 업종 및 비중(%)

Biotechnology	60.8
Pharmaceuticals	24.7
Life Sciences Tools & Services	13.1
Health Care Distributors	1.0
Agricultural Products	0.4

상위 10개 종목

기업명	종목코드	보유 비중 (%)	산업	시가총액 (10억 달러)	PER (배)	배당수익률 (%)
야오밍 생물기술	2269 HK	9.5	헬스케어 시설 & 서비스	451	-	-
창춘 고신기술산업집단	000661 CH	8.4	바이오 & 의약품	181	-	0.2
베이진 - 예탁증서	BGNE US	8.5	바이오 & 의약품	28	-	-
Zai Lab Ltd - Depositary Receipt	ZLAB US	7.2	생명공학 및 제약	15	-	-
워선 생물기술	300142 CH	6.6	바이오 & 의약품	74	49	0.1
Shenzhen Kangtai Biological Products Co Ltd	300601 CH	5.7	생명공학 및 제약	92	-	0.2
시노 생물제약	1177 HK	4.8	바이오 & 의약품	152	48	0.9
Zhejiang Wolwo Bio-Pharmaceutical Co Ltd	300357 CH	4.3	바이오 & 의약품	33	-	0.3
BGI Genomics Co Ltd	300676 CH	3.8	의료 장비 & 기기	52	39	-
PharmaBlock Sciences Nanjing Inc	300725 CH	3.4	바이오 & 의약품	25	86	0.1
상위 10개 종목 비중		62%				

표 8-6 헬스케어·제약·바이오 테마: EDOC US EQUITY

Bio & Healthcare	6
티커	EDOC US EQUITY
종목명	GL X TELEMEDICINE DIG HEALTH
운용사	Mirae Asset

원 포인트 레슨

온라인 헬스케어 및 의료 서비스에 집중

기본 정보	펀드자산(10억 달러)	편입 종목 수(개)	비용(%)
	0.7	42	0.68

펀드플로(100만 달러)	2019년	2020년	2021년 연초 이후
	-	507	214

투자 지역 및 비중(%)	
미국	82.30
홍콩	6.5
독일	4.9
일본	4.8

투자 업종 및 비중(%)	
Healthcare Equipment & Supplies	46.3
Healthcare Providers & Services	20.2
Software & IT Services	19.1
Biotechnology & Medical Research	11.2
Insurance	1.8
Food & Drug Retailing1.	1.5

상위 10개 종목

기업명	종목코드	보유 비중 (%)	산업	시가총액 (10억 달러)	PER (배)	배당수익률 (%)
뉘앙스 커뮤니케이션스	NUAN US	4.9	소프트웨어	15	70	-
일루미나	ILMN US	4.7	의료 장비 & 기기	58	72	-
옴니셀	OMCL US	4.8	의료 장비 & 기기	6	39	-
Guardant Health Inc	GH US	4.6	바이오 & 의약품	16	-	-
애질런트 테크놀로지스	A US	4.2	의료 장비	40	33	0.6
네오지노믹스	NEO US	4.3	헬스케어	6	417	-
Change Healthcare Inc	CHNG US	4.2	소프트웨어	7	15	-
래버러토리 코퍼레이션 오브 아메리카 홀딩스	LH US	4.1	헬스케어 시설 & 서비스	25	12	-
인슐렛	PODD US	4.0	의료 장비 & 기기	19	304	-
알리바바 건강 정보 기술	241 HK	3.9	소매 판매	306	-	-
상위 10개 종목 비중		44%				

가상이 현실인가,
현실이 가상인가:

콘텐츠, 플랫폼, 게임, 쇼핑, 증강현실, 메타버스

△
△
△

콘텐츠, 플랫폼, 게임, 쇼핑, 증강현
실, 메타버스Meta-verse라는 여섯 가지 키워드는 앞으로 우리 삶에 깊숙이
파고들어 폭발적인 파급력을 나타낼 것으로 보인다. 이 분야들은 기술
의 확장성이 무한하기 때문에 약간의 상상력이 필요하다. 지금 알고 있
는 디지털 플랫폼과 '디지털'이라는 단어를 쓸 수 있는 많은 기술 분야
의 컬래버레이션이 다양하게 시도될 것이고, 기술력 측면에서는 상상한
일들이 구현될 여건이 충분히 갖춰지고 있다.

『플랫폼 레볼루션』은 플랫폼이 가진 힘의 원천을 '수요에서 나타나
는 규모의 경제'로 설명한다.[7] 일반적으로 규모의 경제는 기업(공급자)이
대규모 자본을 투입하고 원가 절감을 이룸으로써 시장 점유율을 높이는

과정을 말한다. 그리고 플랫폼의 성장 배경을 탈규모의 경제로 해석하는 이론들도 있다. 그런데 그 규모의 경제 논리가 소비자로 옮겨왔다니?

'수요에서 나타나는 규모의 경제'는 네트워크에서 비롯된다. 플랫폼 서비스는 1명의 유저로는 의미가 없다. 그러나 2명이 되고 4명이 되면 그 파급력은 확증적이다. 수요에서 나타나는 규모의 경제에서 서비스의 가치 함수는 사용자×n이 아니다. 사용자!(팩토리얼) 함수로 정의된다. 예를 들면 100개의 네트워크로 사람들이 연결되면 네트워크의 개수는 200개가 아닌 4,950개가 된다.[8] 네트워크의 가치는 가입자 수가 증가할수록 비선형적으로 증가하며, 이에 따라 가입자들 간에 더 많은 연결을 만들어낸다. 이와 같은 네트워크 효과를 멧커프의 법칙Metcalfe's Law이라고 한다.

확증적인 성장, 비선형 성장, 볼록 성장

플랫폼은 네트워크를 바탕으로 확증적인 성장, 비선형 성장, 볼록 성장을 나타낸다. 네트워크가 크면 클수록 사용자들에게 더 많은 가치를 제공하고, 수요가 몰릴수록 규모에서 발생하는 부가가치는 확대된다. 과거에는 자본이 규모의 결정했다면, 이제는 소비자에게 규모의 경제를 결정하는 카드가 주어진 셈이다. 플랫폼이 강화될수록 시장에 대한 결정권

---

7 마셜 밴 앨스타인·상지트 폴 초더리·제프리 파커 저, 이현경 역, 부키, 2017, pp.51~80
8 기초통계에서 경우의 수를 계산하는 방법은 순서 인식 여부에 달려 있다. 순열은 순서가 중요한 경우의 수로 a×b와 b×a를 다른 경우로 인식한다. 만약 100개의 경우의 수를 계산할 경우 100!로 표현하며, 100×99×98…2×1 식으로 100부터 1까지 곱한 값이 된다. 한편 조합은 순서가 중요하지 않은 경우의 수로 a×b와 b×a를 같은 경우로 인식하며, n!/r!×(n-r)로 계산한다.

이 공급자가 아닌 소비자에게 이동하는 것도 같은 논리다. 이에 플랫폼을 기초로 하는 비즈니스는 성장 가능성이 예측하기 어려울 만큼 확대될 것으로 예상된다.

플랫폼을 한마디로 정의하자면, 오프라인을 중심으로 구성됐던 산업 생태계가 온라인으로 전환되는 과정에서 '무엇을 어떻게 팔까?'라는 고민이 이루어지는 곳이다.

지금까지는 강남·종로·여의도 같은 거점을 가지고 오프라인 물류가 이동했다면, 이제는 그 자리에 구글·아마존·네이버·카카오 등이 자리 잡고 있다. 밸류에이션에 대한 기준이 높아지는 것도 같은 이유에서다. 새로 삽은 온라인 플랫폼에서 장사를 한다면 오프라인에서 장사할 때와는 많은 측면이 다르다. 상가를 구입하거나 엄청난 임대료를 내지 않아도 된다. 인테리어 공사를 진행하거나 값비싼 소품으로 매장을 치장할 이유가 없다. 사업자 입장에서는 고정비용이 큰 폭으로 절감되며, 이것은 순마진율을 높인다. 즉, 주식 측면에서는 주당순이익인 EPS가 높아지고 주당 가격인 PER이 높아질 수밖에 없다. 그러므로 플랫폼 기업의 주가를 고평가 또는 저평가로 이야기할 때 'PER이 50이 넘는 것은 고평가다'라는 식으로 단정지을 수 없다.

무엇보다 플랫폼은 확장성이 강하다. 이곳에서 창출되는 부가가치가 무한하다. 플랫폼 기업들은 부가가치가 형성되는 길목에서 광고를 통해 부가수입을 얻는다. 플랫폼에서 양질의 부가가치가 형성되도록 끊임없이 자가발전하기에 그 과정에서 이익 또한 향상되는 것이다. 따라서 플랫폼의 확장성은 플랫폼 기업의 이익 형성에 절대적인 핵심 요소이며,

이런 구조에서는 하나의 플랫폼이 공룡이 될 수밖에 없다. 공룡의 몸집이 더 커질수록 하위 경쟁 업체는 도태될 수밖에 없어 사실상 정보와 이익과 콘텐츠의 독점이 가능해진다.

『플랫폼 제국의 미래』[9]에서는 미국의 메이저 플랫폼 기업을 인간의 장기에 빗대어 설명했다. 사람이 생존을 위해서는 뇌, 심장, 생식기 세 가지가 필요한데 구글은 뇌, 페이스북은 심장, 애플은 생식기의 기능에 집중한다고 평가한다. 이제 플랫폼은 당신의 장기 중 일부가 됐고, 플랫폼을 벗어난 사고나 생활을 한다는 것은 신체의 일부를 잘라내거나 엄청난 금욕이 요구됨을 의미한다. 다시 말하면. 플랫폼에서 벗어나는 삶은 상상하기가 어렵다.

이런 측면에서 아마존과 네이버의 미래도 닮았다. 엄밀히 말하면 아마존이 걸어가는 길을 네이버가 빠르게 따라간다고 할 수 있고, 그들의 궁극적인 목표는 동일하다.

아마존은 자사 비즈니스 모델을 설명할 때 "우리는 물건을 팔아 돈을 버는 기업이 아니다. 고객의 구매 결정을 도움으로써 돈을 번다"라고 한다. 네이버도 그렇다. 네이버가 제공하는 플랫폼의 콘텐츠는 즉각적인 구매를 요구하지 않는다. 다만 구매와 관련된 정보와 아이디어를 검색하고 비교하는 데이터를 최대한 쌓는 데 주력한다. 이런 플랫폼이 정보를 제공하는 것에 그치지 않으리라는 것을 우리는 이미 잘 알고 있다. 검색에서 시작한 우리의 행동은 결국 구매와 전자상거래, 물류, 콘텐츠, 금융

---

9   스콧 갤러웨이 저, 이경식 역, 비즈니스북스, 2018

이라는 연장선으로 이어진다. 이런 일을 우리는 매일 매 순간 겪고 있지 않은가. 궁극적으로 검색을 통해 정보가 얻어지지 않으면 그 이후에 있는 모든 서비스가 마비됨을 의미한다.

우리에게 중요한 정보는 아마존 프라임 서비스 가입자가 몇 명인지, 네이버 콘텐츠 구독자가 몇 명인지가 아니다. 핵심은 '우리가 사용하는 이 플랫폼이 없을 때 삶이 어디까지 불편해질지를 상상하는 일'이다. 물론 대체 플랫폼은 어디에나 있지만 검색과 구매, 결제, 리뷰, 광고 등이 한 번에 이루어지는 원스톱 플랫폼의 중요성은 갈수록 커지고 있다.

지배력이 높아진 플랫폼에서 다른 플랫폼으로 갈아탔을 때 이전에 경험한 것보다 더 자연스럽게 또는 더 쉽게 구매와 결제로 이어지지 않는다면, 그 플랫폼은 아무리 다양한 기능을 가지고 있어도 결코 지배적인 플랫폼을 대체할 수가 없다. 이런 측면에서 아마존과 네이버가 금융업으로 발을 넓히고 콘텐츠 산업에서 승부수를 띄우는 것은 상당히 큰 의미를 가진다.

금융기관의 핵심은 대출인데, 이 기능이 플랫폼 안에서 쉽게 이뤄진다면? 이미 카카오뱅크를 통해 경험하지 않았는가. 이 플랫폼들은 자신의 기업으로 들어온 돈이 밖으로 절대 나가지 않고 안에서 더욱 확장적으로 유통되기를 희망한다. 이것이 그들의 목표이고 미래다.

이미 네이버는 웹툰으로, 카카오는 페이지로 회사를 독립시켜 운영할 만큼 매출 기여도가 커졌다. 아마존도 이 기세에 동참하여 최근 엔터테인먼트로 영역을 확장하고 있다. 엔터테인먼트 역시 전달하는 플랫폼에 수익이 좌우될 수밖에 없는 구조로 가고 있기 때문에 독점적 콘텐츠를 독점적 플랫폼에 올릴 때 기대이익이 다른 비즈니스보다 커질 수 있다. 특히 코로나19로 비대면이 보편화되고 있는 지금은 플랫폼에서 어떤 엔터테인먼트를 선점하느냐가 중요하다. 이 길목에서 아마존은 이미 그물을 넓게 치고 빨아들이고 있다.

『플랫폼 제국의 미래』에서 저자는 "아마존의 승리는 다른 많은 것의 패배를 뜻한다"라고 말했다. 이것은 하나의 기업이 하나의 산업을 통째로 날려버릴 수 있다는 점을 시사한다.

플랫폼이 쇼핑과 물류, 결제를 잡으면서 결국은 일자리도 이들에 연동됐다. 배송에는 빠른 속도가 요구되는데, 사람이 기계보다 빠르겠는가? 아마존 물류공장은 이미 로봇체제로 운영된 지 오래됐다. 실제로 아마존이 목표로 하는 빠른 배송의 개념은 놀랍다. "당신이 주문하기 전, 집 앞에 도착하는 것입니다." 기억하자. 네이버도 아마존을 향하고 있고, 네이버도 로봇을 만들고 있다.

인간의 욕망을 키우는 플랫폼과 인공지능

네이버, 카카오, 구글 등 친숙하게 사용하는 플랫폼에 접속하는 상상을 해보자. 당신은 이제 곧 따뜻해질 날씨를 대비해서 재킷을 하나 사려고 '봄 재킷'을 검색한다. 예전에는 이런 키워드를 가진 상품의 리스트가 쭉 펼쳐졌다. 적게는 몇십 개에서 많게는 몇천 개까지 키워드에 맞는 상품이 하염없이 나열됐다. 하지만 이제는 달라졌다. 인공지능으로 이미 당신의 취향이 파악된 지 오래다. 당신이 가끔 들르는 온라인 쇼핑몰에는 인스타그램이나 페이스북 등에서 당신이 '좋아요'를 클릭한 사진의 이미지가 해독된 정보로 분석이 되어 있다. 당신은 다가올 SS 시즌이 주목하는 스타일이 무엇인지, 내가 좋아하는 스타일에 맞는 상품은 몇 번째 페이지에 있는지 찾을 필요가 없다. 이미 쇼핑 리스트는 당신의 선호도를 분석한 결괏값에 따라 우선순위대로 나열되어 있을 테니까.

이것은 플랫폼에 내재된 인공지능AI이 당신을 학습한 결과다. 당신의 시선이 머무는 시간이 곧 그 사이트에 대한 관심을 의미하므로 플랫폼에서는 당신이 페이지별로 머무른 시간을 계산하고, 체류 시간이 긴 데이터를 중심으로 당신을 학습하고 당신에게 필요한 정보를 재구성한다. 유튜브에서 한 번이라도 클릭해서 본 영상이 있다면, 그와 관련된 수많은 피드가 부지불식간에 당신의 계정에 차고 넘치는 것을 익히 경험하지 않았는가. 이미 인공지능은 당신을 안다. 당신을 분석하고, 당신을 활용한다.

메타버스 시대가 온다

메타버스는 초월beyond이라는 의미의 Meta와 현실 세계를 뜻하는 Universe의 합성어다. 미국 SF소설 『스노 크래시 』에서 처음 등장했는데, 2018년에 개봉한 영화 「레디 플레이어 원」을 통해 메타버스로 이루어진 세상을 간접 체험할 수 있었다. 메타버스는 기존 플랫폼에 가상현실의 기능을 결합해 새로운 세상을 연다. 즉, 아날로그와 디지털이 상호작용을 통해 완전히 새로운 경험과 가치를 만들어내는 공간이 된다.

현실을 디지털화하는 데 가장 필요한 부품은 그래픽카드GPU다. 세계 최고 GPU 생산기업인 엔비디아NVIDIA CEO 젠슨 황은 "메타버스 시대가 오고 있다"고 선언했다. 그리고 "지난 20년의 변화가 놀라웠다면, 앞으로의 20년은 SF 영화 같을 것이다"라고 말한 바 있다.

메타버스 시대가 오면 우리의 플랫폼 활용은 메타버스 안에서 정체성을 표현하는 아바타를 통해 이루어질 것이며 아바타를 통해 발생하는 부가가치의 범위는 무한히 넓어질 것으로 예상된다.

상상해보자. 온라인 공간에서 당신의 아바타는 당신이 꾸며준 예쁜 옷과 액세서리로 치장한 채 당신의 두 번째 아이덴티티를 마음껏 뽐낸다. 그 아바타는 여러 플랫폼을 넘나들며 당신의 흔적을 남긴다. 쇼핑을 하다가 게임을 하고, 영화를 보다가 친구랑 수다를 떨고, 뉴스를 읽다가 투자 정보를 확인하는 등 플랫폼과 플랫폼을 넘나들면서 다양한 행동을 한다. 마치 당신이 오프라인에서 생활하듯이 당신의 아바타는 온라인에서 생활한다. 심지어 경제활동도 가능하다. 직업을 가질 수 있고, 그것으로 실제 현실공간에서 활용할 수 있는 수입을 만들 수도 있다.

당신의 아바타는 다 알고 있다. 당신이 무엇을 보는지, 무엇을 좋아하는지, 무엇을 싫어하는지, 어떤 고민을 하는지. 특정 사이트 또는 특정 페이지에서 머무르는 시간, 특정 콘텐츠를 소비하는 시간은 모두 데이터로 남아 당신을 위한 데이터 스토리지에 저장된다. 이것은 당신의 다음 구매, 다음 이동, 다음 생각을 고스란히 예측하는 데 쓰이고 당신의 아바타는 그 경로를 따라가며 또 그다음의 구매, 그다음의 이동, 그다음의 생각 경로를 또다시 만들어낸다. 이 과정은 무한히 계속된다. 당신을 또는 당신의 아바타를 분석한 인공지능 기술은 당신이 구매를 할 수밖에 없는 '취향저격' 아이템 쇼핑 리스트를 보여주고, 당신이 좋아하는 분야의 책이나 영상을 끊임없이 나열하며, 당신을 위한 투자 조언이나 당신을 위한 게임 전략 가이드 영상 등을 끊임없이 전달해준다. 당신을 향한 데이터 스토리지는 메타버스가 다양해질수록 더욱 강화될 것이다.

만약 이 모든 활동이 증강현실로 이루어진다면 어떨까?

지금 우리가 온라인에서 서핑을 하고 콘텐츠를 즐기고 쇼핑을 하는 2차원적 경험과는 완전히 다른 문화적 충격이 몰려들 것이다. 인터넷이 사람들의 생각과 경험을 오프라인에서 온라인으로 옮겨주는 역할을 했다면, 증강현실은 2차원에 막혀 있는 사람들의 생각과 경험과 욕망을 3차원으로 되돌려주는 역할을 하게 된다. 그럼으로써 메타버스와 함께 지금까지 우리가 경험했던 온라인 세계와 전혀 다른 세계를 꿈꾸게 하고, 그 안에서 무수한 상상력과 부가가치가 창출될 것이다. 또한 콘텐츠 기업과의 합작을 통해 오프라인 기반의 콘텐츠 전달이 온라인 속 다양한 매체로 급속히 전환될 것이다. 또한 온라인 속 콘텐츠 전달은 증강현실을 통해 오프라인에서는 감히 상상할 수도 없는 부가가치를 만들어낼 것이다.

네이버 메타버스 서비스인 '제페토'는 베타서비스를 출시한 지 3년 만에 전 세계 200여개 국가에서 1억 3천만 명 이상이 가입했고, 미국 게임회사인 '로블록스'는 메타버스를 게임에 접목한 가장 상징적인 플랫폼이 되었다. 엔비디아는 메타버스를 적용한 디자인 협업 플랫폼 '옴니버스' 서비스를 제공했는데, 이미 BMW와 같은 글로벌 기업 크리에이터에게 활용되고 있다. 구찌, 루이비통 같은 명품 브랜드도 메타버스 내 캐릭터 상품 개발에 상당한 투자를 기울이고 있고, 대형 기획사(SM, JYP,

YG, 바이브 등)는 이미 메타버스 내 캐릭터를 만들어 현실의 아이돌을 가상으로 옮기고 있다. 우리는 머지않아 가상과 현실의 괴리를 잊고 살아가는 날을 맞이하게 될지도 모른다.

콘텐츠 기업이 갑

최근 콘텐츠 기업이 온라인 플랫폼과 합작하여 프로젝트를 시행하는 일이 많아졌다. 디지털과 플랫폼을 중심으로 변하고 있는 환경, 여기에 메타버스와 증강현실까지 덧붙여진 환경은 플랫폼을 활용한 콘텐츠 산업의 미래를 이해하는 데 상당히 중요한 포인트다.

예를 들면 BTS 콘서트를 상상해보자. 지금까지는 스탠딩 좌석 1열에 서기 위해 잠실 주경기장 출입구에서 좌식의자를 깔고 쪼그려 앉아 밤을 새웠다. 그런데 이번 콘서트는 잠실 주경기장이 아닌 당신의 안락한 방구석 1열에서 관람할 수 있다. 편안한 스트레스리스 의자에서 넷마블이 제작한 'BTS WORLD 게임 3번 맵'에 접속하니, BTS 콘서트 시작 10분 전이라는 메시지가 뜬다. 10분 동안 한 화면에서 수십 개의 광고가 화면분할 형식으로 돌고 있다. 아마도 초 단위로 매겨지는 상당히 비싼 광고비를 내고 얻은 자리일 것이다. 예전에 TV에서 시청률 50%를 넘는 드라마 방영 전 광고 싸움이 치열했던 것과 같은 상황이다. 어찌 됐든 곧 시작하는 콘서트를 생각하니 설렌다. 팝콘과 맥주를 들고 조명을 은은하게 낮춤으로써 당신도 콘서트 관객 모드로 들어간다.

콘서트는 100% 증강현실로 구현된다. 멤버들의 숨소리가 귓가에서 생생히 들린다. 그동안 올림픽 주경기장에서 콩알만큼 작게 보이는 지민이 얼굴을 완두콩 크기로라도 보고 싶어서 6시간이나 줄을 섰던 시대가 가물가물하다. 콘텐츠를 느끼고 경험하는 방법은 이미 완전히 달라졌다. 다시는 예전으로 돌아갈 수 없다.

이런 실감 나는 콘서트라면 오프라인에서 내던 관람 요금보다 몇 배를 더 주어도 아깝지 않을 것이다. 특히 실시간으로 스트리밍되는 단 한 번의 콘텐츠라면 어떨까? 회차는 단 한 번이지만 접속자는 무한대인 상황, 즉 매출에서 Q(판매량)의 한계가 사실상 없어진 상황에서 단 한 번의 공연이 창출할 수 있는 매출은 얼마일까?

실제로 2020년 6월 BTS는 온라인 콘서트 「방방콘 더 라이브」를 실행했는데, 이 공연은 영상 조회 수 75만 건을 기록했다. 하이브는 단 한 번의 온라인 공연으로 250억 원 이상의 매출을 올렸으며, 이것은 오프라인에서 스타디움 공연을 15회 한 것보다 더 많았다.

온라인 콘서트는 유행이 되어가고 있다. 레이디 가가는 전 세계 110개 팀이 참여한 「원 월드: 투게더 앳 홈One World: Together At Home」이라는 온라인 콘서트를 기획했다. 이 콘서트에는 엘튼 존, 롤링 스톤즈, 제니퍼 로페즈, 빌 게이츠 부부, 미셸 오바마 등이 출연해 엄청난 인기를 끌었다. 한편 브로드웨이 뮤지컬을 온라인으로 볼 수 있는 플랫폼 '브로드웨이 온 디맨드Broadway On Demand'가 출시됐고, 베를린 필하모닉과 뉴욕 메트로폴리탄 오페라하우스는 페이스북과 인스타그램으로 무관중 공연을 생중계하고 있다. 심지어 미국 래퍼인 트래비스 스콧은 싱글앨범 발매기념 콘서트를 게임 플랫폼에서 했다. 세계 최대 온라인 게임인 포트나이트Fortnite의 가상공간에서 '아스트로노미컬Astronomical'이라는 슬로건을 가지고 총 다섯 차례 공연을 했는데, 게임에서 또 다른 콘텐츠 전달을 시도한 성공적인 사례로 평가받고 있다.

일각에서는 이런 변화가 일부 세대에 한정된다고 평가한다. 아직은 그럴지도 모른다. 영상에 익숙한 Z세대가 콘텐츠 시장의 많은 부분을 소비하고 있다는 것은 자명한 사실이기 때문이다. 그런데 2020년 추석 나훈아의 콘서트를 기억하는가? 유튜브로 단 1회 실행된 콘서트였으나 그 반응은 폭발적이었다. 이런 디지털 콘텐츠의 소비는 지역, 세대, 연령, 장르를 가리지 않는다.

코로나19 팬데믹은 기술이 디지털에 접목되는 속도를 가속화되는 데 방아쇠 역할을 했다. 이제는 콘텐츠를 소비하는 방식이 달라질 것이다. 삶 속에서 콘텐츠와 플랫폼의 크로스오버 방식이 다양해지고, 콘텐츠를 구현하는 방식도 2D에서 3D로 바뀔 것이며, 이 과정에서 콘텐츠에 대한 소비는 폭발적으로 증가할 것이다. 문제는 변화의 속도다. 그동안 서서히 변하던 것들이 아주 빠른 속도로 변하고 있다.

방시혁 하이브 대표가 "우리의 라이벌은 네이버입니다"라고 말한 것은 결코 허세나 빈말이 아니다. 콘텐츠 기업이 가고자 하는 미래, 그리고 반드시 가야만 하는 미래는 결국 플랫폼이다. 콘텐츠 기업 중에서 플랫폼화되는 기업과 그렇지 않은 기업 사이에서는 말 그대로 '초격차'가 생겨날 것이다.

우리는 지금 콘텐츠 소비의 전환점에 서 있다. 이런 측면에서 앞으로 많은 엔터테이너 및 콘텐츠의 구동이 기존 TV나 영화관을 벗어나 게임 또는 플랫폼 서비스 안에서 획기적으로 확장될 것이다. 코로나 바이러스 확산 이후 사람들의 이동은 과거처럼 자유롭지 못할 것이다. 사람들은 제한적인 현실 공간 대비 무한대의 가상공간에 매료될 수밖에 없으며 온라인상에서 콘텐츠를 소비하는 방식에 혁신을 가져올 것이다. 이미 발 빠른 주요 플랫폼 기업들은 이에 대한 준비를 마쳤다고 봐야 한다.

궁극적으로 게임 산업에 주목해야 한다. 메타버스와 증강현실 속에서 게임은 사람들의 삶에 더욱 깊게 침투할 것이다. 즉, 당신의 생활과 커뮤니케이션의 많은 부분이 게임과 연동될 가능성이 크다. 그리고 콘텐츠의 생산과 소비, 공유와 창조는 게임 플랫폼에서 무한대로 뻗어갈 것이다. 현재 게임 산업의 위상은 10년 전 구글이나 아마존과 비슷한 수준으로 판단되며, 지금 우리가 찾고 있는 미래의 구글, 아마존 같은 기업은 게임 산업에 숨어 있을 가능성이 높다. 이제 새로운 유니버스 경험을 만끽하자

📈 **추천 종목: XLC US EQUITY**(표 8-7)

- **투자 포인트**: 플랫폼의 발전은 궁극적으로 콘텐츠를 보유한 기업의 발전을 의미하므로 포트폴리오 구성이 매력적이다. 인터넷 서비스를 기반으로 하는 기업 비중이 58%로 압도적이나, 방송 및 콘텐츠 기업도 20% 정도의 비중으로 포함되어 있다. 대표적인 편입 종목으로는 페이스북, 알파벳, 넷플릭스, 디즈니 등이 있다.

- **리스크 요인**: 포트폴리오가 다양하게 분산되어 있지 않다. 페이스북과 알파벳 두 기업의 비중이 약 50%를 차지하고, 전체 포트폴리오에서 상위 10개 종목 비중이 70%를 넘는다. 따라서 비중이 높은 기업의 주가 변동성이 커질 경우 ETF의 성과도 변동성이 커질 수 있다.

📈 **추천 종목: FDN US EQUITY**(표 8-8)

- **투자 포인트**: 다우존스 지수에 편입된 인터넷 상거래 및 인터넷 서비스 기업에 집중 투자하는 ETF다. 미국은 아직 온라인 쇼핑 및 온라인 결제 시스템의 사용 빈도가 우리나라보다 낮은 편이다. 따라서 앞으로 수년간 성장성이 높을 것으로 기대된다. 또한 상대적으로 매력 있는 기업에 잘 분산된 포트폴리오를 가졌다는 점도 매력적이다.

- **리스크 요인**: 포트폴리오에 백화점이나 부동산, 레저 같은 오프라인 기반 산업 비중이 약 20%에 근접한다는 것은 부담 요인이다. 경제활동 정상화 수준에 따라 주가 변동성을 키우는 요인이 될 수 있다.

📈 **추천 종목: CLOU US EQUITY**(표 8-9)

- **투자 포인트**: 디지털을 기반으로 경제적·정신적·육체적 활동이 늘어나는 것은 이 과정에서 발생하는 데이터를 보관할 공간도 늘어남을 의미한다. 실제로 플랫폼 기업들은 인터넷을 위한 소프트웨어 생성, 가상화 컴퓨팅 제공, 데이터 센터 구축 등에 막대한 투자를 하고 있다. 앞으로 우리 삶에서 디지털 의존도가 더욱 높아질 것이므로 클라우드에 대한 투자는 유망해 보인다.
- **리스크 요인**: 데이터가 핵심인 세상에서는 결국 데이터 보관 및 관리에 대한 강력한 규제가 나올 수 있다. 궁극적으로 규제 이슈에 주목할 필요가 있다.

📈 **추천 종목: HERO US EQUITY**(표 8-10)

- **투자 포인트**: 메타버스가 강화되면 온라인에서 즐기는 게임의 수준은 양적 측면에서나 질적 측면에서나 완전히 다른 세상을 선사할 것이다. 가상과 현실의 경계가 모호해질수록 게임 없는 세상을 상상하기 힘들 것이다. 포트폴리오를 보면 게임 산업의 대표적인 국가인 일본과 미국 기업에 각각 25%씩 투자되고, 중국·싱가포르·한국과 같은 아시아 게임 콘텐츠 강국에도 총 35% 정도 투자된다. 글로벌 분산 투자 측면에서도 매력적이다.
- **리스크 요인**: 게임 산업 규제와 국가 간 무역마찰 해소는 지켜봐야 한다. 게임 산업이 e-스포츠e-Sport로 인식되고 모바일 게임이 보편화되면서 규제 위험이 낮아지기는 했으나 주가 변동의 변수가 될 위험은 있다. 한

편, 콘텐츠도 무역에 중요한 상품이 되면서 국가 간 무역분쟁이 주가 변동을 높이는 요인으로 작용하고 있다. 사드THAAD 관련 분쟁 이후 한국 게임이 중국에 론칭하지 못한 것 같은 사례를 참고할 필요가 있다.

📈 추천 종목: TIGER Software(표 8-11)

- **투자 포인트**: 네이버, 카카오, 엔씨소프트 등 대한민국을 대표하는 플랫폼 기업을 한 번에 투자하는 가장 쉬운 방법이다.
- **리스크 요인**: 벤치마크는 에프엔가이드FN-guide 소프트웨어 지수이지만, 실질적으로는 액티브펀드 같은 운용 스타일을 보인다. 즉, 벤치마크 대비 ETF 편입 종목의 구성 비중이 달라질 수 있으므로 ETF의 성과도 벤치마크 대비 괴리율이 높아질 수 있다. 따라서 ETF 내 종목별 투자 비중 변화를 체크할 필요가 있다.

표8-7 콘텐츠·플랫폼, 게임·쇼핑·증강현실·메타버스 테마: XLC US EQUITY

원 포인트 레슨

글로벌
미디어&콘텐츠
최강자

Tech	1		
티커	XLC US EQUITY		
종목명	COMM SERV SELECT SECTOR SPDR		
운용사	State Street		
기본 정보	펀드자산(10억 달러)	편입 종목 수(개)	비용(%)
	13	27	0.12
펀드플로(100만 달러)	2019년	2020년	2021년 연초 이후
	2,804	2,791	-383
연평균 수익률(%)	지난 5년	지난 3년	지난 1년
	-	-	66

투자 지역 및 비중(%)

미국	100.0

투자 업종 및 비중(%)

Software & IT Services	50.4
Computers, Phones & Household Electronics	23.1
Semiconductors & Semiconductor Equipment	17.4
Professional & Commercial Services	3.0
Communications & Networking	2.7

상위 10개 종목

기업명	종목코드	보유 비중 (%)	산업	시가총액 (10억 달러)	PER (배)	배당수익률 (%)
페이스북 Class A	FB US	19.6	인터넷 미디어 & 서비스	860	27	-
알파벳 Class A	GOOGL US	11.9	인터넷 미디어 & 서비스	1,516	32	-
알파벳 Class C	GOOG US	11.6	인터넷 미디어 & 서비스	1,516	33	-
컴캐스트 Class A	CMCSA US	4.4	케이블 서비스	244	19	1.9
트위터	TWTR US	4.4	인터넷 미디어 & 서비스	56	77	-
비아콤 CBS CL B NON-VTG	VIAC US	4.5	엔터테인먼트 콘텐츠	26	10	2.4
액티비전 블리자드	ATVI US	4.3	엔터테인먼트 콘텐츠	75	27	0.5
월트디즈니	DIS US	4.4	엔터테인먼트 콘텐츠	340	69	-
넷플릭스	NFLX US	4.0	인터넷 미디어 & 서비스	239	54	-
차터 커뮤니케이션스 Class A	CHTR US	3.9	케이블 서비스	13	38	-
상위 10개 종목 비중		73%				

표 8-8 콘텐츠·플랫폼, 게임·쇼핑·증강현실·메타버스 테마: FDN US EQUITY

Tech	2		원 포인트 레슨
티커	FDN US EQUITY		다우존스 지수에 편입된 인터넷 서비스 기업에 투자
종목명	COMM SERV SELECT SECTOR SPDR		
운용사	First Trust		

기본 정보	펀드자산(10억 달러)	편입 종목 수(개)	비용(%)
	10	43	0.54
펀드플로(100만 달러)	2019년	2020년	2021년 연초 이후
	-462	-715	-1,638
연평균 수익률(%)	지난 5년	지난 3년	지난 1년
	28	24	76

투자 지역 및 비중(%)	
미국	98.2
홍콩	0.9
중국	0.6
네덜란드	0.3

투자 업종 및 비중(%)	
Technology	62.9
Consumer Cyclicals	23.3
Healthcare	6.6
Consumer Non-Cyclicals	3.3
Industrials	2.1

상위 10개 종목

기업명	종목코드	보유 비중(%)	산업	시가총액(10억 달러)	PER(배)	배당수익률(%)
아마존 닷컴	AMZN US	9.2	이커머스	1,678	70	-
페이스북 Class A	FB US	7.0	인터넷 미디어 & 서비스	860	27	-
페이팔 홀딩스	PYPL US	5.5	기술 서비스	314	59	-
알파벳 Class A	GOOGL US	4.9	인터넷 미디어 & 서비스	1,516	32	-
알파벳 Class C	GOOG US	4.8	인터넷 미디어 & 서비스	1,516	33	-
넷플릭스	NFLX US	4.7	인터넷 미디어 & 서비스	239	54	-
Cisco Systems Inc/Delaware	CSCO US	4.7	기술 서비스	217	15	2.9
세일즈포스닷컴	CRM US	4.2	소프트웨어	210	66	-
트위터	TWTR US	3.2	인터넷 미디어 & 서비스	56	77	-
스냅 Class A	SNAP US	2.9	인터넷 미디어 & 서비스	94	504	-
상위 10개 종목 비중		51%				

표 8-9 콘텐츠·플랫폼, 게임·쇼핑·증강현실·메타버스 테마: CLOU US EQUITY

원 포인트 레슨

클라우드에
특화된
기업

Tech	3		
티커	CLOU US EQUITY		
종목명	GLOBAL X CLOUD COMPUTING ETF		
운용사	Mirae Asset		
기본 정보	펀드자산(10억 달러)	편입 종목 수(개)	비용(%)
	1.25	37	0.68
펀드플로(100만 달러)	2019년	2020년	2021년 연초 이후
	437	601	-90
연평균 수익률(%)	지난 5년	지난 3년	지난 1년
	-	-	78

투자 지역 및 비중(%)	
미국	100.0

투자 업종 및 비중(%)	
Internet Services	34.6
Software	23.4
Department Stores	11.4
IT Services & Consulting	11.1
Communications & Networking	9.2

상위 10개 종목

기업명	종목코드	보유 비중(%)	산업	시가총액(10억 달러)	PER(배)	배당수익률(%)
드롭박스 Class A	DBX US	5.2	소프트웨어	11	21	-
프루프포인트	PFPT US	4.8	소프트웨어	8	70	-
Zscaler Inc	ZS US	4.6	소프트웨어	26	428	-
투윌리오 Class A	TWLO US	4.7	소프트웨어	63	-	-
워크데이 Class A Common Stock	WDAY US	4.3	소프트웨어	63	92	-
쇼피파이 Class A	SHOP CN	4.2	소프트웨어	183	314	-
제로	XRO AU	4.0	소프트웨어	21	507	-
에버브리지	EVBG US	3.8	소프트웨어	5	-	-
넷플릭스	NFLX US	3.8	인터넷 미디어 & 서비스	239	54	-
페이콤 소프트웨어	PAYC US	3.9	소프트웨어	23	92	-
상위 10개 종목 비중		43%				

표 8-10 콘텐츠·플랫폼, 게임·쇼핑·증강현실·메타버스 테마: HERO US EQUITY

Tech	4		

원 포인트 레슨

전세계 게임을 평정한 영웅적인 기업들에 투자

티커	HERO US EQUITY		
종목명	GLOBAL X VIDEO GAMES& ESPORT		
운용사	Mirae Asset		
기본 정보	펀드자산(10억 달러)	편입 종목 수(개)	비용(%)
	0.75	43	0.5
펀드플로(100만 달러)	2019년	2020년	2021년 연초 이후
	2	448	112
연평균 수익률(%)	지난 5년	지난 3년	지난 1년
	–	–	95

투자 지역 및 비중(%)		투자 업종 및 비중(%)	
미국	29.9	Software	79.3
일본	24.2	Semiconductors	7.0
한국	13.1	Internet	6.0
중국	12.5	Toys/Games/Hobbies	5.5
스웨덴	7.4	Computers	1.7

상위 10개 종목

기업명	종목코드	보유 비중(%)	산업	시가총액(10억 달러)	PER(배)	배당수익률(%)
넷이즈 - 예탁증서	NTES US	6.2	엔터테인먼트 콘텐츠	74	26	0.2
엔비디아	NVDA US	6.1	반도체	380	46	0.1
액티비전 블리자드	ATVI US	6.1	엔터테인먼트 콘텐츠	75	27	0.5
씨 - 예탁증서	SE US	5.8	엔터테인먼트 콘텐츠	126	–	–
일렉트로닉 아츠	EA US	5.7	엔터테인먼트 콘텐츠	41	24	0.5
닌텐도	7974 JP	5.7	기술 서비스	8,498	29	2.9
넥슨	3659 JP	4.9	엔터테인먼트 콘텐츠	3,180	25	0.1
징가	ZNGA US	4.8	엔터테인먼트 콘텐츠	11	28	–
Embracer Group AB B Shares	EMBRACB SS	4.7	엔터테인먼트 콘텐츠	121	117	–
엔씨소프트	036570 KS	4.6	엔터테인먼트 콘텐츠	19,934	22	0.9
상위 10개 종목 비중		55%				

표 8-11 콘텐츠·플랫폼, 게임·쇼핑·증강현실·메타버스 테마: TIGER Software

<table>
<tr><td>원 포인트 레슨</td></tr>
<tr><td>한국 인터넷 플랫폼 및 게임산업에 투자</td></tr>
</table>

Tech	5		
티커r	157490 KS EQUITY		
종목명	MIRAE TIGER SOFTWARE ETF		
운용사	Mirae Asset		
기본 정보	펀드자산(10억 원)	편입 종목 수(개)	비용(%)
	74	13	0.46
펀드플로(100만 원)	2019년	2020년	2021년 연초 이후
	13,070	-3,631	6,332
연평균 수익률(%)	지난 5년	지난 3년	지난 1년
	23	30	99

투자 지역 및 비중(%)

미국	100.0

투자 업종 및 비중(%)

Internet	51.2
Computers	8.4
Software	7.6

상위 10개 종목

기업명	종목코드	보유 비중(%)	산업	시가총액(10억 달러)	PER(배)	배당수익률(%)
네이버	035420 KS	28.9	인터넷 미디어 & 서비스	64,391	47	0.1
카카오	035720 KS	27.5	인터넷 미디어 & 서비스	54,145	81	0.0
엔씨소프트	036570 KS	20.8	엔터테인먼트 콘텐츠	19,934	22	0.9
삼성에스디에스	018260 KS	7.7	기술 서비스	14,779	21	1.3
넷마블	251270 KS	3.5	엔터테인먼트 콘텐츠	12,032	35	0.5
더존비즈온	012510 KS	2.3	소프트웨어	2,662	41	0.5
펄어비스	263750 KS	2.1	엔터테인먼트 콘텐츠	4,454	27	-
컴투스	078340 KS	1.6	엔터테인먼트 콘텐츠	2,250	16	0.9
웹젠	069080 KS	1.0	엔터테인먼트 콘텐츠	1,427	10	-
엔에이치엔한국사이버결제	060250 KS	0.9	기술 서비스	1,333	25	-
상위 10개 종목 비중		96%				

금융이
자율주행 기능을 얻는다면?:

AI, 블록체인, 핀테크

△
△
△

1994년 빌 게이츠는 한 문장으로 금융의 미래를 예언했다. "뱅킹은 필요하지만 뱅크는 필요 없다Banking is necessary, Banks are not."

2021년을 살아가는 우리에게 다시 묻고 싶다. 우리에게 필요한 것은 은행인가, 아니면 은행의 기능인가?

금융업, 그중에서도 특히 은행은 심각한 도전에 직면해 있다. 사람들이 이제 더는 은행지점에 가지 않아도 되는 이유는 수백 가지인 반면 은행에 꼭 가야 하는 이유는 점점 사라지고 있기 때문이다. 이미 발 빠른 은행들은 점포 수를 빠르게 줄이고 있으며, 심지어 지점이 입점했던 보유 부동산도 매각 중이다. 그런데 지점을 이용하는 사람만 줄어든 게 아니다. 현금자동인출기ATM도 사용 횟수가 절대적으로 줄었다. 이제 사람들은 손바닥 안 작은 앱에서 계좌 개설, 이체, 결제, 투자, 심지어 대출까지도 짧은 시간 내에 해결하고 있다.

금융업 전반적으로 변화의 속도가 빨라지고 있다. 금융 기업들은 규모의 경제를 통해 몸집을 부풀리며 성장해왔다. 지금까지 금융은 거대 자본의 입맛에 맞는 맞춤형 상품과 서비스를 제공한 반면, 일반 개인 고객에게는 표준화된 금융상품을 제공하고 관리해왔다. 즉, 자본의 규모에 따라 금융회사에서 제공받을 수 있는 서비스의 종류와 질이 달랐다.

그런데 요즘 금융업은 기능적 측면에서부터 혁신의 기회를 찾아가고 있다. 기존의 금융업은 고객 데이터를 확보하고 있는 클라우드적 기능을 담당하고, 이 데이터를 활용한 금융 서비스를 단위별로 쪼개 AI와 블록체인의 옷을 입고 또 다른 형태의 기업 또는 비즈니스 모델이 되어가고 있다. 인터넷, 모바일, 그다음 세상은 무엇일까? 나는 단언컨대 블록체인이 상당히 중요한 축을 담당할 것으로 예상한다. 적어도 금융업 내에서는 블록체인을 기반으로 한 핀테크FinTech가 기존 금융 시스템의 방향성을 180도 바꿔놓을 가능성이 크다.

『언스케일: 앞으로 100년을 지배할 탈규모의 경제학』에서는 지난 2008년 미국의 금융위기가 대형 금융기관이 규모의 경제로 볼 수 있는 마지막 불꽃을 태웠다면서 금융의 탈규모화가 시작된 시점으로 평가한다.[10] 그리고 금융업에 불고 있는 변화를 '금융의 탈규모화' 또는 '금융의

10　헤먼트 타네자·케빈 매이니 저, 김태훈 역, 청림출판, 2019, pp.183~210

민주화'라고 표현한다.

탈규모화 또는 민주화된 금융 서비스는 개인의 특성을 최우선으로 여긴다. 당신보다 당신을 더 잘 아는 소프트웨어가 당신의 수입과 지출에 대해 조언하고, 투자 포트폴리오를 제시하며, 심지어 자동으로 저축과 투자를 실행해주는 서비스가 보편화될 것이다. 몇몇 앞서가는 핀테크 기업에서는 이미 간편한 앱 서비스를 기반으로 당신만을 위한 금융 서비스를 제공하고 있다.

금융이 자율주행 기능을 얻는다면 앞으로 금융 산업은 어떻게 달라질까? 데이터가 기반이 되는 AI와 블록체인이 기존의 금융을 어떻게 바꾸고 있는지 점검하고, 최근 부상하고 있는 핀테크 기업의 동향을 점검함으로써 금융업에 대한 투자 포인트를 정리해보자.

존재감이 커지는 금융 업계의 AI

대표적인 글로벌 금융 기업에서는 AI를 활용한 업무 범위가 빠른 속도로 늘어나고 있다.

가장 큰 변화를 보이는 기업은 미국 최대 투자은행 골드만삭스다. 지난 2015년, 골드만삭스 회장은 기업의 아이덴티티(정체성)가 'IT 회사'라고 선언했다. 기업의 정체성을 바꾼 영향인지, 골드만삭스는 매년 다양한 사업부문에서 기존 인력 또는 서비스를 AI로 빠르게 대체하고 있다. 2016년에 주식 트레이딩 부서에 인공지능 로봇 켄쇼Kensho를 도입하면서 약 600명의 직원 중 598명을 해고해 화제가 됐고, 이어서 외환거래 부서에도 딜러 4명이 담당하는 업무를 알고리즘algorithm으로 만든 후 딜러 대신 컴퓨터 엔지니어만 남겨두었다. 리서치 부서에도 AI 프로그램 워런Warren을 배치한 뒤 애널리스트 인력을 줄여가고 있고, 대출 서비스는 마커스Marcus라는 소프트웨어를 통해 인력의 개입 없이 온라인상에서 상품 권유와 대출실행까지 100% 진행한다. 어느새 골드만삭스 임직원의 3분의 1 이상이 컴퓨터 엔지니어로 채워진 것은 이제 놀랍지도 않은 일이 되어버렸다.

인공지능은 자산운용 업계에서도 존재감을 키우고 있다. 글로벌 최대 자산운용사 블랙록Blackrock은 AI를 통해 패시브펀드(지수를 추종하는 펀드)뿐만 아니라 액티브펀드(지수보다 높은 성과를 보이는 것을 목표로 하는 펀드로, 펀드매니저의 역량이 펀드 성과에 절대적인 영향을 미침)까지도 운용 비율을 높이고 있고, 피델리티·인베스코·슈뢰더 같은 대형 글로벌 자산운용사들도 AI를 투자에 직접적으로 활용하고 있다. 이름을 열거할 수 없을 정도로 많은 글로벌 금융회사에서는 AI를 활용한 개인 투자 포트폴리오에 자문을 제공하는 로보어드바이저를 개발 중이거나 이미 서비스에 활용하고 있다.

한국 금융 기업들도 AI를 직접적인 업무 영역에 적용하고 있다. 2019년 신한금융그룹은 금융권 최초로 인공지능 기반 투자자문사 신한AI를 출범하고, 투자자문 플랫폼 네오NEO를 론칭했다. 네오는 AI를 바탕으로 투자상품을 추천하거나 자산관리 전략을 짜주는 서비스를 제공하는데, AI가 업무의 보조 수단이 아니라 투자 전면에서 활동하는 첫 번째 사례로 평가받는다.

한국투자증권 리서치센터는 2020년부터 AI 리서치 분석 소프트웨어

AIR_{AI Research}을 고객서비스에 반영하고 있다. 한국투자증권은 이 로봇 서비스를 도입하면서 '한국에 상장된 기업은 2,000여 개입니다. 그런데 당사 애널리스트가 분석하고 평가하는 기업 수는 고작 200여 개뿐입니다. 그래서 우리는 인공지능을 활용해 나머지 1,800개 기업을 분석합니다'라고 광고했다. 2020년 12월 현재 한국투자증권 AIR은 서비스 범위를 넓혀 국내 주식뿐만 아니라 해외 주식을 분석하는 데에도 활용하고 있다.

현재 미래에셋증권을 포함한 국내 대형 증권회사에서는 AI를 활용한 운용 및 투자 성과 분석, 주요 업무 적용 가능성 등을 테스트하는 태스크포스_{TF}를 구성하여 시험하고 있다.

돈의 흐름을 바꾸는 블록체인

일반적으로 블록체인이라고 하면 비트코인이나 이더리움 같은 가상화폐를 상상하는데, 블록체인은 정보체계의 기술이고 가상화폐는 이 시스템으로 구현할 수 있는 하나의 상품 또는 서비스를 가리킨다.

블록체인은 블록_{block}(노트, 장부, 기록)과 체인_{chain}(망, 연결고리)의 합성어다. 간단히 말하면, 여러 사람이 기록한 노트를 연결하여 묶은 것이라고 할 수 있다. 또는 여러 사람이 가진 장부를 하나의 망으로 연결한 것, 데이터를 기록한 무엇인가를 나열한 것이라고 설명할 수 있다. 여기서 반복적으로 사용되는 '여러 사람', '기록', '나열'이라는 특성을 기억해두자.

지금까지 정보는 한 사람이 독점하여 보관할수록 가치가 높았다. 즉, 남이 모르는 정보를 나 혼자 독점하는 것이 부가가치를 형성하는 중요한 방법이었다. 그런데 블록체인은 지금까지 정보의 가치와는 반대되는 성격에서 출발한다. 여러 사람이 보유하는 것, 즉 정보의 분산에서 시작된다.

블록체인이라는 정보체계의 기술은 확장성이 무한하다. 정보가 이동하는 공간에서는 무엇이든 블록체인을 활용할 수 있다. 거래, 보안, 결

그림 8-3 블록체인 활용 가능 분야

디지털 자산의 거래

분산앱(DApp) 개발에 활용   직원 간 P2P 보증

디지털 콘덴츠   증권 거래와 투표
보관 및 전송

카풀 등 공유경제를 위한   환자 기록 저장
포인트 관리 시스템

디지털   디지털 미디어
증권 거래   분야에서의
                                                                  소유권 인증

토지 소유권   디지털
이전과 같은   자산의
문서작업 및   위변조
계약의 디지털화   방지

컴퓨터 네트워크를 통한   디지털 ID
분산화된 저장 기능

홈 오토메이션과 같은   개인인증 및 진본
분산화된 사물인터넷   확인 절차에 활용

고객 프라이버시 관리와   인터넷과 컴퓨팅
디지털 액세스 시스템   자원의 분산화를 통한
                                                                  비즈니스 모델 개발

에스크로 및   지분, 소유권, 지배구조 등
온라인 관리 서비스   기업관리의 디지털화

전자상거래와 제조업 부문에서의 스마트 계약 기능

제와 관련된 부분이라면 더욱더 강력한 힘을 보일 수 있다.

블록체인 자체만으로도 금융혁신을 가져오겠지만, 인공지능과 결합하면 소비자 중심의 금융 구도 변화가 있을 것이다. 앞에서도 설명한 것처럼, 금융은 그동안 규모의 경제 안에서 성장해왔다. 더 많은 자본을 가지고 레버리지를 일으켜 더 많은 사업에 투자하는 것이 승자의 규칙이었다. 이에 금융 기업은 초대형 IB Investment Bank(투자은행)로 성장하기 위해 노력하고, 돈은 초대형 IB를 초초대형으로 성장시키는 선순환이 형성됐다.

그런데 블록체인은 이런 규모의 경제 논리를 뒤엎는다. 규모의 경제에서는 정보의 흐름이 계층적(상하 관계)으로 흘러온 반면, 블록체인에서는 그 구조가 수평적이다. 정보의 흐름이 계층에서 수평으로 전환되면, 정보의 가치도 수평화되고 돈의 흐름도 같은 방향으로 흐르게 된다. 즉, 투자에서 공평한 기회를 갖게 된다는 뜻이다.

거대 금융의 최대 기능 중 하나는 다른 기업들에 자본조달 기회를 제공한다는 것이다. 주식시장에서는 비상장기업의 상장IPO을 통해서 일차적인 지원을 받고, 상장된 이후에는 불특정 다수의 투자자를 통해 자본을 조달할 수 있다. 한편 채권시장에서는 회사가 각자의 신용등급에 맞는 금리로 채권을 발행해 자본을 조달받는다. 주식 상장을 통하든 채권 발행을 통하든 만약 기업의 자본조달이 목표만큼 이루어지지 않는 경우, 그 거래를 중개한 증권사가 일정 부분의 물량을 인수해주는 조건으로 거래를 성사시키기 때문에 증권사의 자금 규모는 상당히 강력한 무기가 됐다.

그림 8-4 국가별 공공 분야에서 블록체인 적용 사례

⊕ 헬스케어	🪙 세금신고	Ⓑ 암호화폐	🤝 스마트 계약
✓ 투표	🏛 은행거래	📄 자산등록	👤 디지털 ID 관리

출처: Deloitte

그런데 블록체인하에서는 자본조달 방법이 꼭 전통적인 주식 발행 또는 채권 발행을 통하지 않아도 된다. 기업의 정체성과 사업의 비전에 맞는 가상화폐를 만들어 ICO_{Initial Coin Offering}(가상화폐공개)하면 된다. 또는 블록체인의 수평화된 장부 기능을 바탕으로 크라우드펀딩, 즉 토크나이즈_{tokenize}를 통해 불특정 다수에게 투자를 유치하는 것도 보편화될 수 있다. 그렇다면 금융기관의 자본이 반드시 거대할 필요가 없으며, 오로지 중개라는 기능적 측면에서의 핏_{FIT}을 조율해주는 것이 최선이 될 것이다.

블록체인에 인공지능이 결합하면 개인화에 최적화된 금융 서비스가 가능해진다. 이제는 각 개인의 상황과 니즈에 맞는 금융 서비스가 구체화되는 시점이며, 핀테크의 목표는 실질적으로 개인에 최적화된 금융 서비스를 제공하는 것을 목표로 한다. 실제로 요즘 성장하고 있는 핀테크 기업들은 블록체인과 인공지능을 기초로 맞춤형 서비스로 설계되어 있다. 소비 및 저축 데이터를 기반으로 각 개인의 특성을 파악하고, 그에 맞는 최적의 포트폴리오 전략을 제시한다. 무엇보다 이 모든 것이 앱 하나로 쉽게 해결된다.

블록체인을 기반으로 하는 기업에 투자하는 ETF인 BLOK US EQUITY 를 보면, 블록체인 기술이 여러 국가에서 동시다발적으로 성장하고 있음을 알 수 있다. 해당 ETF에서 투자하는 기업들의 국가별 구성을 보면 미국이 45%로 가장 많고, 그다음으로 일본 20%, 홍콩 8.5%, 한국 7.8%, 캐나다 6.2%, 중국 3.5% 순이다.

은행의 해체

핀테크FinTech를 중심으로 달라지는 금융 업계 흐름을 은행의 해체 unbundling of a bank, disrupting banking[11]라는 말로 설명할 수 있다. 몇 년 전까지만 해도 '금융혁신'이라고 하면 전통적인 금융 기업들이 Fin을 기반으로 Tech를 접목하는 것이 핵심이었다. 하지만 최근 몇 년간의 금융혁신은 IT 기술을 통해 실현됐다. 이제는 Tech를 가진 기업이 Fin을 활용하는 것으로 바뀌면서 금융 부문의 진입장벽을 허물고 있고, 사실상 IT 기술을 가진 기업을 통해 비즈니스 영역이 확장되고 있다.

실제로 핀테크 부문의 대표적인 ETF인 FINX에 포함된 기업들의 업종을 살펴보면 IT 부문이 86%로 압도적으로 높고, 금융 부문은 6~7%

---

11 CB INSIGHTS RESEARCH, https://www.cbinsights.com/research/disrupting-banking-fintech-startups/

수준에 불과하다. 서비스 형태도 앱을 통한 서비스 제공 기업이 약 34%를 차지하고, 전통적인 IB 및 자산관리 기업의 비중은 3%에 못 미친다.

금융혁신은 국가적 장벽도 넘어서고 있다. 우리가 상상하는 금융의 아이콘은 월스트리트다. 그런데 핀테크 기업의 국가별 비중을 보면 미국이 57% 정도를 차지하고 브라질, 호주, 네덜란드, 뉴질랜드 등에서 서비스를 제공하는 기업들이 각각 5~8%대의 비중을 차지하고 있다.[12]

사람이 발걸음을 하지 않는 은행은 더 이상 의미가 없다. 이 틈을 노리는 것이 핀테크다. 손안에서 모든 은행의 잔고를 확인하고, 보험상품을 분석하고, 투자상품을 고르고, 자산 가격 변동을 알 수 있다. 대출이 필요할 때도 신분증 사진과 의료보험 납입(근로자인 경우) 여부를 휴대전화로 인증하기만 하면 내 통장으로 바로 입금된다. 이 모든 일이 앉은자리에서 5분 안에 끝난다.

핀테크 시장은 빠르게 성장하고 있다. 글로벌 핀테크 산업은 2013년 이후 연평균 28% 수준의 성장을 보이고 있으며, ETF 트렌드에서는 글로벌 핀테크 시장이 향후 5년간 지금보다 3배 이상 성장할 것으로 전망했다.[13] 2019년 글로벌 핀테크 시장 규모가 66.7억 달러로 추산되는데, 2025년에는 226억 달러 규모로 성장할 것이라는 전망이다.

중요한 것은 현재 보이는 시장이 전부가 아니라는 점이다. 플랫폼에 기반을 둔 핀테크 기업들은 금융 문맹 인구unbanked people에 눈을 돌리

---

12 미국 기업 SQUARE·PAYPAL, 브라질 기업 STONECO LTD-A, 호주 기업 AFTERPAY LTD, 네덜란드 기업 ADYEN NV, 뉴질랜드 기업 XERO LTD 등이다.

13 https://www.ETFtrend.co.kr/archive/foreignETF/1129

고 있다. 2017년 세계은행 보고서[14]에 따르면 전 세계 성인 중 31%인 약 17억 명이 은행을 이용하지 않는 금융 문맹 인구로 분류된다고 한다. 금융 업계는 디지털화 및 플랫폼화를 바탕으로 금융 문맹 인구를 서비스 가능 범위로 끌어당기고 있다. 특히 아시아에서 사실상 금융의 역할을 하고 있는 현금 거래 시장이 핀테크 및 플랫폼 안으로 들어온다면, 글로벌 핀테크 시장의 규모 및 성장률은 그림 8-5에 나타난 것보다 더 크고 가팔라질 것이다.

이렇듯 핀테크는 단순히 기존의 금융 서비스를 대체하는 것에 그치지 않고, 숨은 시장을 드러내 주고 소외된 계층을 포용하는 형태로 진화하고 발전할 가능성이 크다. 말 그대로 기회가 열려 있는 것이다.

그림8-5 글로벌 핀테크 시장 규모

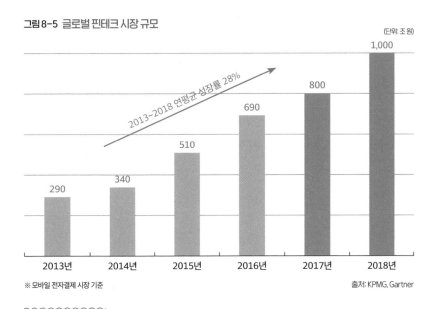

(단위: 조 원)

※ 모바일 전자결제 시장 기준

출처: KPMG, Gartner

---

14   World bank, "2017 Global Findex"

핀테크 시장의 성장률이 연평균 30%에 가깝다 보니 금융사들도 핀테크로 전환하기 위한 준비에 속도를 내고 있다. 그런데 금융이 핀테크로 발전하는 것은 단순한 창구 전환이 아니다. 데이터를 기반으로 AI와 결합하고 블록체인으로 진화하고 있는 핀테크는 기존의 금융에 대한 개념을 송두리째 바꾸고 있다.

이렇다 보니 핀테크 비즈니스를 준비하는 기회가 기존의 금융사들에만 있는 것이 아니다. 고객의 데이터를 가지고 있는 기업은 업태가 무엇이든 상관없이 핀테크로 전환할 수 있게 됐다. 《중앙일보》에서는 "양대 시중은행이 카카오·네이버가 될지 모른다"라는 내용의 논설을 실었는데[15], 제목 자체만으로도 금융업의 변화가 어떤 방향인지 설명해준다.

실제로 글로벌 핀테크 ETF FINX 포트폴리오를 분석해보면, 핀테크 기업으로 분류된 기업들 중에서 투자금융업이나 보험 산업, 금융 서비스업 등에 속하는 기업 비중은 20% 정도에 불과하다. 오히려 소프트웨어 & IT 서비스업 비중이 50%에 근접하고, 나머지 30% 기업은 금융도 IT도 아닌 제3의 영역에 속해 있다.

인공지능과 블록체인이 바꾸는 금융의 미래는 업태에 상관없이 핀테크로 전환이 가능하며, 그중에서도 IT 부문에서 일어나는 변화의 속도는 상상을 초월할 것이다.

15　중앙일보, "양대 시중은행이 카카오·네이버가 될지 모른다", 2020.1.23

그림 8-6 국가별 핀테크 도입 지수

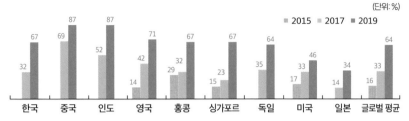

(단위: %)

■ 2015 ■ 2017 ■ 2019

	한국	중국	인도	영국	홍콩	싱가포르	독일	미국	일본	글로벌 평균
2015	32	69	52	14	29	15	35	17	14	16
2017				42	32	23		33	34	33
2019	67	87	87	71	67	67	64	46		64

출처: Ernst & Young, 2019 Fintech Adoption Index(27개국 2만 7,000명 대상 온라인 조사 결과)

그림 8-7 글로벌 핀테크 유니콘 기업 분포 현황 및 시장 가치

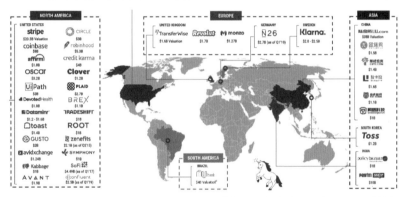

출처: CB-Insight, "2019 Fintech Trends To Watch", 2019. 1

그림 8-8 글로벌 핀테크 기업들의 사업 확장 현황

출처: CB-Insight, "2019 Fintech Trends To Watch", 2019. 1

표 8-12 글로벌 빅테크 기업의 주요 금융 서비스 제공 현황

구분	알리바바	텐센트	바이두	구글	아마존	페이스북	애플	삼성전자	마이크로소프트	Vodafone	Mercado Libre
지급결제	Alipay	Tenpay	Baidu Wallet	Google Pay	Amazon Pay	Messenger Pay	Apple Pay	Samsung Pay	Microsoft Pay	M-Pesa	Mercado Pago
	중국 최대 모바일 결제 플랫폼	중국 상위 2번째 모바일 결제 플랫폼	페이팔 협력	신용카드 네트워크 활용	신용카드 네트워크 활용	신용카드 네트워크 활용	신용카드 네트워크 활용	신용카드 네트워크 활용	신용카드 네트워크 활용	동아프리카 및 인도 32만 명에게 서비스 제공 중	라틴 아메리카 8개국에 서비스 제공
온라인 대출	MyBank	WeBank	Baixin Bank	P2P 대출	아마존 렌딩	Chrged (광고비 후불 서비스)	–	–	–	M-Shwari	Mercado Crédito
	시골 지역 중소기업 및 온라인 상점 대출	개인 소액대출	금융상품 및 소액 대출	렌딩클럽 (P2P) 제휴	중소기업 또는 물류·배송 업체에 대한 저금리 대출	캐나다핀테크회사인 클리어뱅크와 제휴	–	–	–	–	소액 및 중소기업 소액 대출
자산 관리	Yu'e Bao (글로벌 최대 MMF 운용)	뮤추얼펀드 라이선스 획득	–	–	–	–	–	–	–	–	파일럿 테스트 중
보험	온라인 보험사 중안보험 공동 설립	조인트벤처 설립(알리안츠 할하우스 캐피탈)	구글컴페어(보험비교사이트)* 최근 서비스 중단	보험 가격 비교 사이트 설립, JP모건체이스 및 버크셔 해서웨이와 함께 헬스케어 회사 설립	–	알리안츠 사이버보험 할인 제공	–	–	–	–	파일럿 테스트 중

출처: 금융안정위원회(FSB), "FinTech and market structure in financial services", 2019. 2

📈 **추천 종목**: FINX US EQUITY(표 8-13)

- **투자 포인트**: 선진국 모바일결제, 대출, 크라우드펀딩, 블록체인, 개인금융 관련 소프트웨어, 자동화된 자산관리 서비스 등과 관련된 기업에 분산 투자하는 ETF다. 기존의 금융기관이 제공하는 서비스가 아닌 테크와 IT 기능에 경쟁력을 가지는 기업에 투자하므로 향후 성장성이 높을 것으로 기대된다.

- **리스크 요인**: 금융과 기술 부문의 중간 지대에 있는 신성장 기업 비중이 크다. 따라서 금융주 및 기술주 주가 변동에 동시에 노출될 위험도 존재한다. 또한 전체 포트폴리오의 35%는 해외 주식이므로, ETF 성과 변동 요인이 다양할 수 있다.

📈 **추천 종목**: ARKF US EQUITY(표 8-14)

- **투자 포인트**: 글로벌 핀테크 대표 기업에 분산 투자하는 ETF다. 국가별로는 미국 62%, 홍콩 17%, 그 외 아시아 및 유럽 국가 기업에 20% 정도 분산 투자되어 있다. 핀테크도 결국은 플랫폼하에서 승자독식의 구도가 될 가능성이 크다는 점을 고려하면, 국가별 대표적 기업에 분산 투자하는 것도 매력적일 것이다.

- **리스크 요인**: 거래 형태는 ETF이지만 벤치마크가 없고 사실상 액티브펀드의 성격이 강하다. 아크인베스트먼트의 비전과 운용역의 실력에 의존하여 성과가 창출되는 구조이므로 펀드매니저 리스크가 높을 수 있다는 점에 주의해야 한다.

📈 추천 종목: BOTZ US EQUITY(표 8-15)

- **투자 포인트**: AI와 로봇공학 기술을 기반으로 하는 기업에 투자하는 ETF다. 해당 기업들은 금융 및 다양한 기술 접목으로 비즈니스를 무한히 확장할 수 있으므로 향후 성장성이 높아질 것으로 기대된다. 국가별로 일본 기업의 비중이 43%로 가장 높고 미국 33%, 스위스 11% 순으로 분산되어 있다.

- **리스크 요인**: 편입 종목이 총 32개로 상당히 적다. 국가별 분산을 고려하면 포트폴리오가 더욱 빈약하다. ETF 전체적인 PER이 50배에 근접한다는 점도 가격 측면에서 부담 요인이 될 수 있다. ETF 내 비중이 높은 ABB, 엔비디아 같은 기업의 주가를 모니터링하며 투자 시점을 검토할 필요가 있다.

📈 추천 종목: BLOK US EQUITY(표 8-16)

- **투자 포인트**: 블록체인 기술에 초점을 둔 기업에 투자하는 ETF다. 데이터공유 기술을 기반으로 기술을 개발하고 수익을 창출하는 기업에 70% 가까이 투자하고, 나머지 30%는 이런 기업과 협력 관계에 있는 기업에 투자한다. 미국 기업의 비중은 50% 수준이고 일본, 캐나다, 홍콩 등 글로벌 주요국에 나머지 50%가 분산 투자된다.

- **리스크 요인**: 블록체인 기술은 유망하지만, 이것을 기반으로 수익을 창출하는 기업은 제한적이다. 그래서 ETF에 편입된 종목 수도 53개에 불과하다. 또한 비트코인 가격과 블록체인 기술주의 가격은 직접적인 상관관계를 가지지 않으므로 비트코인을 기준으로 기대수익을 전망하면

괴리가 클 수 있다.

📈 추천 종목: EMQQ US EQUITY(표 8-17)

- **투자 포인트**: FINX가 선진국 핀테크 시장에 포커스를 맞춘다면, EMQQ 는 신흥국 시장에 집중한다. 신흥국의 인터넷 및 전자상거래, 콘텐츠, 플 랫폼 기업에 분산 투자하는 ETF다. 금융 문맹 인구의 유입을 고려하면 신흥국 시장의 성장률은 선진국을 압도할 가능성이 크다.

- **리스크 요인**: 신흥국 기업은 선진국에 비해 규모가 작기에 대형 ETF 운 용사들이 보유지분을 늘릴수록 유동성 위험이 커지는 모순이 발생한다. 최대 지분 8% 룰하에서 특정 기관이 개별 주가지수 변동성을 높이는 위 험을 제한하고는 있으나, 유통 주식 수 변동을 유발하므로 주가 변동이 야기될 위험이 있다.

표 8-13 AI·블록체인·핀테크 테마: FINX US EQUITY

원 포인트 레슨
테크와 금융을 결합한 기업에 투자

FinTECH	1
티커	FINX US EQUITY
종목명	GLOBAL X FINTECH ETF
운용사	Mirae Asset

기본 정보	펀드자산(10억 달러)	편입 종목 수(개)	비용(%)
	1	48	0.68
펀드플로(100만 달러)	2019년	2020년	2021년 연초 이후
	97	264	220
연평균 수익률(%)	지난 5년	지난 3년	지난 1년
	-	27	87

투자 지역 및 비중(%)	
미국	67.0
호주	12.3
네덜란드	6.7
이탈리아	4.6
스위스	3.7

투자 업종 및 비중(%)	
Software & IT Services	48.5
Professional & Commercial Services	29.8
Investment Banking & Investment Services	18.4
Banking Services	3.4

상위 10개 종목

기업명	종목코드	보유 비중(%)	산업	시가총액(10억 달러)	PER(배)	배당수익률(%)
스퀘어 Class A	SQ US	9.2	기술 서비스	117	216	-
애프터페이	APT AU	6.3	전문금융	36	591	-
Adyen NV	ADYEN NA	6.2	기술 서비스	60	-	-
페이팔 홀딩스	PYPL US	5.7	기술 서비스	314	59	-
인튜이트	INTU US	5.2	소프트웨어	113	45	0.6
StoneCo Ltd Class A	STNE US	5.0	기술 서비스	21	74	-
파이서브	FISV US	4.7	기술 서비스	83	23	-
Bill.com Holdings Inc	BILL US	4.9	소프트웨어	13	-	-
제로	XRO AU	4.4	소프트웨어	21	507	-
Lufax Holding Ltd - Depositary Receipt	LU US	4.5	인터넷 미디어 & 서비스	34	14	-
상위 10개 종목 비중		56%				

표 8-14 AI·블록체인·핀테크 테마: ARKF US EQUITY

원 포인트 레슨

글로벌 핀테크
대표 기업에
분산 투자

FinTECH	2
티커	ARKF US EQUITY
종목명	ARK FINTECH INNOVATION ETF
운용사	ARK

기본 정보	펀드자산(10억 달러)	편입 종목 수(개)	비용(%)
	4	52	0.75
펀드플로(100만 달러)	2019년	2020년	2021년 연초 이후
	70	1,526	2,401
연평균 수익률(%)	지난 5년	지난 3년	지난 1년
	-	-	154

투자 지역 및 비중(%)	
미국	67.2
홍콩	14.4
일본	4.6
싱가포르	4.1
네덜란드	3.7

투자 업종 및 비중(%)	
Software & IT Services	50.1
Professional & Commercial Services	14.4
Investment Banking & Investment Services	11.2
Banking Services	7.5
Real Estate Operations	4.4

상위 10개 종목

기업명	종목코드	보유 비중(%)	산업	시가총액(10억 달러)	PER(배)	배당수익률(%)
스퀘어 Class A	SQ US	11.0	기술 서비스	117	216	-
페이팔 홀딩스	PYPL US	4.9	기술 서비스	314	59	-
Silvergate Capital Corp Class A	SI US	4.8	금융	3	62	-
질로우 그룹 Class C Capital Stock	Z US	4.0	인터넷 미디어 & 서비스	33	152	-
인터컨티넨털 익스체인지	ICE US	3.9	기관 금융서비스	67	24	1.1
씨 - 예탁증서	SE US	3.7	엔터테인먼트 콘텐츠	126	-	-
핀터레스트 Class A	PINS US	3.6	인터넷 미디어 & 서비스	52	109	-
텐센트 홀딩스 - 예탁증서	TCEHY US	3.5	인터넷 미디어 & 서비스	761	32	0.2
쇼피파이 Class A	SHOP CN	3.3	소프트웨어	183	314	-
Adyen NV	ADYEN NA	3.0	기술 서비스	60	-	-
상위 10개 종목 비중		46%				

표 8-15 AI·블록체인·핀테크 테마: BOTZ US EQUITY

원 포인트 레슨

로보틱스 및
AI에 투자

FinTECH	3	
티커	BOTZ US EQUITY	
종목명	GLOBAL X ROBOTICS & ARTIFICI	
운용사	Mirae Asset	

기본 정보	펀드자산(10억 달러)	편입 종목 수(개)	비용(%)
	3	40	0.68
펀드플로(100만 달러)	2019년	2020년	2021년 연초 이후
	-170	171	124
연평균 수익률(%)	지난 5년	지난 3년	지난 1년
	-	14	87

투자 지역 및 비중(%)

일본	42.7
미국	32.4
스위스	13.4
영국	5.9
캐나다	3.1

투자 업종 및 비중(%)

Industrial Machinery	27.1
Electronic Equipment/Instruments	20.6
Medical Specialties	11.6
Semiconductors	8.1
Electrical Products	7.9

상위 10개 종목

기업명	종목코드	보유 비중 (%)	산업	시가총액 (10억 달러)	PER (배)	배당수익률 (%)
ABB	ABBN SW	7.9	전기, 전자 장비	63	25	2.7
엔비디아	NVDA US	7.9	반도체	380	46	0.1
화낙	6954 JP	7.7	기계	5,499	-	0.7
인튜이티브 서지컬	ISRG US	6.9	의료기기 & 서비스	93	63	-
키엔스	6861 JP	6.2	기계	12,564	-	0.4
브룩스 오토메이션	BRKS US	5.9	반도체	7	47	0.4
레니쇼	RSW LN	5.3	전기, 전자 장비	5	-	0.2
야스카와 전기	6506 JP	4.6	기계류	1,485	47	0.7
존 빈 테크놀로지스	JBT US	4.0	기계류	4	30	0.3
오므론	6645 JP	3.9	기타 업종	1,829	35	0.9
상위 10개 종목 비중		60%				

표 8-16 AI·블록체인·핀테크 테마: BLOK US EQUITY

원 포인트 레슨

블록체인이 만들어갈 미래 금융에 투자

FinTECH	4
티커	BLOK US EQUITY
종목명	AMPLIFY TRANSFOR DATA SHARIN
운용사	AMPLIFY

기본 정보	펀드자산(10억 달러)	편입 종목 수(개)	비용(%)
	1	53	0.7
펀드플로(100만 달러)	2019년	2020년	2021년 연초 이후
	-25	167	690
연평균 수익률(%)	지난 5년	지난 3년	지난 1년
	-	49	266

투자 지역 및 비중(%)		투자 업종 및 비중(%)	
미국	58.3	Commercial Services	24.8
캐나다	1.2	Diversified Finan Serv	23.0
일본	9.3	Internet	11.7
중국	6.9	Software	7.2
영국	3.2	Holding Companies-Divers	6.5

상위 10개 종목

기업명	종목코드	보유 비중 (%)	산업	시가총액 (10억 달러)	PER (배)	배당수익률 (%)
Canaan Inc - Depositary Receipt	CAN US	6.0	반도체	2	-	-
마이크로스트래티지 Class A Common Stock	MSTR US	5.4	소프트웨어	7	155	-
Galaxy Digital Holdings Ltd Ordinary	GLXY CN	5.6	금융	11	-	-
Hut 8 Mining Corp	HUT CN	4.6	기술 서비스	1	32	-
라이어트 블록체인	RIOT US	4.5	기술 서비스	4	26	-
Voyager Digital Ltd	VYGR CN	4.5	자산 운용	4	22	-
매러선 패이턴트 그룹	MARA US	4.2	전문금융	4	21	-
Argo Blockchain PLC	ARB LN	3.6	금융	1	-	-
Hive Blockchain Technologies Ltd	HIVE CN	3.8	기술 서비스	2	-	-
Silvergate Capital Corp Class A	SI US	3.6	금융	3	62	-
상위 10개 종목 비중		46%				

표 8-17 AI·블록체인·핀테크 테마: EMQQ US EQUITY

> **원 포인트 레슨**
>
> 신흥국 전자상거래에 강점이 있는 기업에 투자

FinTECH	5
티커	EMQQ US EQUITY
종목명	EMERGING MRKTS INTERNET & EC
운용사	

기본 정보	펀드자산(10억 달러)	편입 종목 수(개)	비용(%)
	2	104	0.86
펀드플로(100만 달러)	2019년	2020년	2021년 연초 이후
	-10	611	319
연평균 수익률(%)	지난 5년	지난 3년	지난 1년
	23	20	97

투자 지역 및 비중(%)

중국	61.6
한국	7.0
남아프리카	6.6
아르헨티나	6.1
네덜란드	3.7

투자 업종 및 비중(%)

Internet	79.8
Software	13.4
Retail	2.1
Diversified Finan Serv	1.2
Commercial Services	1.1

상위 10개 종목

기업명	종목코드	보유 비중 (%)	산업	시가총액 (10억 달러)	PER (배)	배당수익률 (%)
텐센트 홀딩스	700 HK	7.5	인터넷 미디어 & 서비스	5,982	33	0.3
알리바바 그룹 홀딩 - 예탁 증서	BABA US	7.2	이커머스	649	23	-
Meituan Class B	3690 HK	6.2	이커머스	1,684	-	-
핀두어두어 - 예탁증서	PDD US	5.4	전자상거래 자유소비재	163	-	-
JD닷컴 - 예탁증서	JD US	5.8	전자상거래 자유소비재	122	44	-
내스퍼스 N Ordinary	NPN SJ	5.2	인터넷 미디어 & 서비스	1,548	-	0.2
메르카도리브레	MELI US	4.8	이커머스	77	1,486	-
바이두 - 예탁증서	BIDU US	4.6	인터넷 미디어 & 서비스	75	22	-
KE Holdings Inc - Depositary Receipt	BEKE US	4.5	인터넷 미디어 & 서비스	59	51	-
프로쉬스 N Shares	PRX NA	3.7	인터넷 미디어 & 서비스	154	-	0.1
상위 10개 종목 비중		55%				

사회와 환경에 유익한
기업에만 투자합니다

: ESG

△
△
△

환경과 에너지를 생각하는 콘셉트가 달라지고 있다. 이미 유럽과 미국에서는 이상기후에 따른 폭염과 극심한 추위가 기승을 부리고, 홍수와 산사태 등이 인명 피해를 높임에 따라 환경이 인간의 삶을 바꾸고 있다는 인식이 제도 및 정책 변화에도 반영되고 있다.

파리기후협약의 설립 배경이나 청소년 환경운동가 그레타 툰베리Greta Thunberg가 2019년 최연소 노벨평화상 후보에 오른 것은 정말로 환경이 우리의 목숨에 영향을 주고 있다는 절박함에서 나타난 일이다.

우리 삶에서 환경에 대한 인식이 조금씩 변하고 행동이 달라진 것은 해양 생태계 파괴와 관련된 사진의 영향이 크다. 코에 플라스틱 빨대가 꽂힌 채로 죽은 거북이, 배 속에 인간이 버린 쓰레기로 가득 찬 채 죽은 물고기 등은 우리가 달라져야 한다는 인식을 행동으로 이끌었고, 커피 전문점에서 플라스틱 빨대를 없애고 매장 내에서는 일회용기를 사용하지 못하게 하는 등의 규제를 만들게 했다.

우리 삶이 조금 더 극적으로 변한 것은 역시나 코로나바이러스의 영향이 크다. 코로나와 같은 신종 바이러스의 출현 빈도가 잦아지는 원인을 온난화에서 찾는 목소리가 높아지고 있는데, 그들의 주장에 따르면 100여 년 전(또는 현재 인류가 노출되지 않은 시대)에 빙하에 묻힌 동물의 사체가 온난화로 지표면에 노출되면서 그 사체에 있던 바이러스가 공기를 통해 전파됐다는 것이나. 현재 인류가 섭해본 석이 없는 바이러스는 때에 따라서는 살상무기가 될 수 있다. 이것은 예방접종이나 백신 개발로 대비하는 데 시간과 자본과 효과 측면에서 분명히 한계가 있다. 즉, '온난화'라는 세 글자는 이제 단순히 남극 빙하가 녹는 일, 몰디브 수면이 상승하는 일에 그치지 않고 우리 목숨에 직접 가해지는 위협이 됐다.

사회적으로 가치 있는 소비가 핵심

2008년에 발간된 OECD 2030년 환경보고서[16]에는 환경과 연관된 주요 분야(에너지, 교통, 농업, 어업)에서 예상되는 변화 및 우선순위가 제시되어 있다. 에너지 부문과 교통 부문에서는 이산화탄소 배출을 빠르게 줄이는 것이 핵심이고, 농·어업 부문에서는 수질오염 방지와 친환경적 생

---

16 OECD, "Environment Outlook to 2030", 2008

산 및 어획이 핵심이다. 즉, 우리 세대에 환경과 관련된 가장 시급하고 긴급한 과제는 이산화탄소 감축에 있다는 것이 요지다.

이에 기업들도 빠르게 변하고 있다. 에너지 기업들은 친환경 에너지 개발로 사업 영역을 빠르게 바꾸고 있고, 자동차 기업들도 매연을 발생시키지 않는 친환경 자동차 개발에 속도를 높이고 있으며, 많은 기업이 제조 과정에서 화석연료 사용을 줄이거나 수질오염을 낮추는 제조 공법을 개발하는 등 비즈니스 모델의 변신을 꾀하고 있다.

기업의 가치를 평가하는 기준도 달라지고 있다. 전통적으로 기업의 가치를 평가하는 방식은 영업이익률과 PER 같은 재무적 지표였던 반면, 앞으로는 ESG Environment, Social, Govenance와 같은 비재무적 지표의 중요성이 커지고 있다.

기업의 가치를 평가하는 방법은 채권 발행에서도 반영되고 있다. 어떤 회사가 채권을 발행할 때(즉, 투자자에게 돈을 빌릴 때) 금리도 ESG 등급에 따라 달라진다. 아무리 재무적으로 훌륭한 기업이라도 ESG 측면에서 체계적이지 못하거나 등급이 낮으면, 신용등급도 낮아지고 빚의 금리가 높아진다.

주목할 것은 이러한 변화를 이끄는 것이 다름 아닌 MZ세대라는 점이다. MZ세대는 밀레니얼 세대(1980년대 이후 출생자로, 베이비부머 자녀층)와 Z세대(1990년대 중후반 출생로, 밀레니얼 다음 세대)를 묶은 것인데, 그들에게 소비란 가치 창출을 의미한다. MZ세대의 소비자에게는 가격이 싼 제품, 가성비 좋은 제품만이 능사가 아니다. 소비 결정 과정에서는 사회적으로 가치를 창출한다는 스토리가 필요하고, 그 소비가 나의 가치를 높이는 쪽으로 작용해야만 지갑을 연다. 그리고 그 가치의 핵심 영역에는 기성세대보다 환경에 더 높은 가치를 부여하는 사고방식이 자리 잡고 있다.

일각에서는 'MZ세대가 어리고 소득도 적고 인구도 적으니 경제에 미치는 영향이 제한적이다'라고 평가하기도 한다. 그러나 중요한 것은 그들의 부모가 세계적으로 인구가 가장 많은 베이비부머 세대, 즉 경제 력을 충분히 보유한 50~60대라는 점이다. 지갑은 부모가 열지만 소비에 대한 결정은 사실상 자녀들이 주도한다.

앞으로 기업의 생존을 좌우할 ESG 코드

MZ세대는 환경오염을 유발하는 재화나 제품에 더는 관심을 두지 않는다. 비싸더라도 친환경적으로 만들어진 재화, 그리고 그 재화의 활용이 환경에 덜 피해를 주는 방식을 선호한다. 이들에겐 몸에 두르는 옷, 화장품, 식생활까지도 나의 소비 행위가 환경에 기여한다는 자부심이 중요하다. 소비는 이제 단순한 돈의 지출이 아니라 '개념을 장착하는 행위'로 인식되고 있으며, 그 개념의 중요한 축에는 환경보호에 대한 필요성이 강하게 자리하고 있다.

앞으로 우리 사회에서 기업의 역할은 무엇일까. 고용을 많이 하고 세금을 많이 내면 좋은 기업일까? 만약 자원을 고갈시키고 폐기물을 남발하면서 매출을 늘린다면 그 기업은 좋은 기업일까? 피고용자의 건강과 안전이 고려되지 않은, 열악한 환경에서 생산된 상품은 좋은 상품일까? 부패와 뇌물이 팽배한 기업 문화 속에서 창출된 사회적 부가가치는 과연 좋은 것일까?

세상은 기업에 이런 질문들을 던지고 있다. 그 질문에 좋은 답을 제시한 기업들은 '착한 기업'이라는 이름으로 발전해가고, 잘못된 답안지를 내놓은 기업들은 불매운동과 같은 사회적 처벌을 받기도 한다.

소비의 의미가 단순한 구매 활동을 벗어나 가치를 창출하는 일이 되고 있고, 소비를 통해 사회에 미치는 선한 영향력을 공유하기를 원하며, 구매자의 행위에서도 간접적으로 사회에 선한 영향을 미치는 과정이 중시된다. 이왕 소비를 한다면 가치 있고 의미 있는 소비가 바람직하다는 발전된 사고방식과 행위, 즉 미닝아웃meaning out(신념을 밖으로 표출함으로써 정체성을 표현하는 행위)이 보편화되고 있다.

이런 현대인이 기업을 바라보고 활용하는 프레임이 바로 ESG다. ESG는 Environment(기후 변화, 온실가스 배출, 자원 고갈, 폐기 및 오염, 삼림 파괴 등), Society(노동 환경, 지역 사회에 대한 영향력, 분쟁 지역, 건강 및 안전, 노사 관계 등), Governance(경영진 보상, 뇌물 및 부패, 정치적 로비 및 기부, 이사회 다양성 등)의 약자다. 이 세 가지는 '사회가 요구하는 수준에 부합하는 기업만이 지속 가능한 성장을 할 수 있다'는 취지하에 기업과 사회가 공유하는 핵심적인 가치를 뽑은 것이다.

ESG에 대한 평가와 시도는 1970년대 유럽에서 시작됐다. 일본은 2015년에 공적자금펀드GPIF에서 사회적 책임 투자를 시작하면서 두드러졌다. 미국에서는 행동주의 투자 전략이 이슈가 되고 있으며, 한국도 이런 추세에 동참하는 분위기다. 초창기에는 Governance의 중요성이 높았으나, 2010년부터 Environment에 대한 관심이 높아졌으며, 최근에는

Society에 대한 기대도 높아지는 추세다.

특히 세계 주요 정부들은 글로벌 팬데믹 이후 '포스트 코로나 시대에는 더 나은 사회를 만들자'라는 사회적 책임 속에서 관련 규제도 강화하고 있다. ESG 관련 법률자문을 담당하는 세계 최대 로펌 레이텀앤왓킨스Latham & Watkins는 EU유럽연합 집행위원회의 지속 가능 금융분류 체계, 기후 관련 재무정보 공시 태스크포스TCFD, 중국의 사회신용등급 시스템 등이 앞으로 기업들에 강력한 영향을 끼칠 수 있다고 평가했다.

레이텀앤왓킨스가 꼽은 ESG 관련 세 가지 핵심

① EU 지속 가능 금융분류 체계

시장 참여자들이 '그린 워싱greenwashing(친환경으로 위장함)'에 속지 않고 진정한 친환경 사업에 투자할 수 있도록 하는 지침서. 기업 경제활동의 지속 가능성을 표준화하여 제시하였다.

② 기후 관련 재무정보 공시 태스크포스

기업들이 기후 관련 재무적 위험을 얼마나 잘 감독하고 관리하는지를 알리기 위해 어떤 정보들을 공시해야 하는지에 대한 지침. 금융기관들은 기후 변화에 따라 가치가 하락할 가능성이 있는 자산과 기후 변화의 위험에 대한 재평가에 주목하고 있다.

③ 중국의 사회신용등급 시스템

사회, 정치, 환경 분야에 걸쳐 신용등급을 부여하는 시스템. 탄소 배출 목표를 위반한 기업은 사회적 신용 등급이 낮아지고, 징벌적 조치나 높은 세금 등의 제재를 받는다.

이 세 가지는 회사의 주식 가치에만 영향을 주지 않는다. 회사가 채권을 발행할 때도 기준으로 삼는 사례가 늘고 있고, 부동산이나 사모펀드Private Equity[17] 같은 비전통적 투자 대상에도 반영되고 있다. 사회적 가치, 기업 가치 등 어려운 단어가 쓰여서 다소 생소할 수 있으나, 우리도 이미 일상에서 ESG에 대한 사회적 요구를 하고 있다.

환경과 관련된 대표적 사례로 H&M을 들 수 있다. 글로벌 의류 시장을 이른바 '씹어먹었던' SPA[18] 브랜드 중에서도 트렌디한 브랜드로 손꼽히는 H&M은 기업의 모토를 친환경 기업으로 바꾸고, "10년 안에 산업 폐기물로 만든 나일론 등 재활용 소재로 옷을 만들겠다"라고 발표했다. 원래 SPA 브랜드는 트렌드에 맞게 옷을 빨리빨리 소비하는 것을 미덕으로 여긴다. 그러나 의류 제조 과정에서 발생하는 극심한 온실가스 배출(전 세계 배출량의 10%가 의류 산업에서 발생함)과 수질오염, 상품 포장재에서 발생하는 쓰레기, 누적된 재고로 인한 폐기물 확대가 환경오염을 가속화한다는 인식이 확산되면서 매출이 급격히 줄고 있다. H&M 대표는 2019년까지만 해도 "환경도 중요하지만 경제 성장도 중요하다"라며 기업 측 입장을 강조했으나, 2020년에 친환경 기업으로 모토를 바꾸었다.

기업의 선한 영향력이 소비자를 열광시키는 사례가 늘고 있다. 사회적 영향과 관련된 대표적 사례로는 오뚜기를 꼽을 수 있다. 사람들은 오뚜기를 '갓뚜기(God+오뚜기)'로 부르며 환호한다. 오뚜기가 갓뚜기가 된 배경은 기업의 정신에 선한 영향력이 있기 때문이다. 이것은 기본에서 출발하는데, 함영진 회장이 부친으로부터 받은 재산의 상속세(1,500억 원)를 전액 납부한 것이 화제가 됐고, 양질의 일자리가 점점 줄어드는 오늘날 비정규직 비중이 1%대라는 것, 대표 상품인 진라면 가격을 12년째 동

---

17 사모펀드는 소수의 투자자에게서 자본을 출자받아 기업, 채권, 부동산 등에 투자한다. 대부분 대중적으로 유동화되지 않은 자산에 장기간 투자하여 차익을 실현하는 것을 목표로 하므로 일반 공모펀드에 비해 투자 기간이 길고 투자 재량도 크다는 특징이 있다.

18 'Specialty store retailer of Private label Apparel'의 약자로, 의류의 기획부터 디자인, 생산, 유통, 판매까지 전 과정을 제조 회사가 맡는 비즈니스 모델을 말한다.

결한 것 등을 바탕으로 소비자 마음속에 단단히 자리를 잡았다. 브랜드가 가지는 선한 영향력, 소셜임팩트는 오뚜기의 브랜드 파워(소비자가 가장 신뢰하는 브랜드)를 1위에 올려주었고, 이 과정에서 매출과 시장점유율이 급상승하여 농심의 30년 아성을 넘보고 있다.

삼성전자는 창립 50년 만에 처음으로 노동조합을 구성했다. 특히 30년 동안 경영 원칙으로 여겨졌던 무노조 경영이 무너진 배경에는 달라진 사회의 평가가 중요한 역할을 했다. 노조 구성과 관련된 미행, 감시, 협박 등 부당 노동 행위가 알려지면서 소비자의 평가가 실제 기업 가치 평가에도 영향을 주는 단계로 넘어왔다. 특히 '삼성전자 서비스센터 노조 와해 공작 사건'에서 검찰이 중형을 구형하는 등 사법적 영역에서도 평가가 달라지고 있다. 이제 삼성전자는 노조와 상생하는 콘셉트, 그리고 사업부 평가에서 ESG 성적을 중요한 기준으로 삼는 등의 변신을 시도하고 있다.

거버넌스와 관련된 대표적 사례로는 대한항공, 미스터피자, 남양유업 등이 있다. 대한항공을 생각하면 자연스럽게 '땅콩 사건'이 먼저 떠오른다. 한국기업지배구조원KCGS이 평가한 2020년 상장기업 ESG 평가에서 대한항공은 사회 부문 A+, 환경 부문 A등급을 받은 반면 지배구조는 B+를 받았다. 모두가 다 아는 그 이유가 실제로 기업의 가치 평가에 반영되고 있음을 시사한다.

미스터피자는 2015년 욕설 파문 이후 가맹점이 절반 수준으로 줄었다. 불매운동이 장기화되면서 5년 연속 영업손실을 벗어나지 못해 코스닥 상장 폐지 갈림길에 놓였다. 남양유업은 2013년 대리점주 폭언 및 소송 사건으로 국민적인 불매운동이 일었다. 기업 이미지가 실추된 이후 사명을 바꾸거나 상품명에 남양이라는 이름을 쓰지 않는 식으로 대응했지만, 그럼에도 우유 시장 점유율 1위라는 명예는 매일유업에 뺏긴 지 오래다. 1조 규모의 이 회사가 만들어내는 영업이익은 마이너스(개별 기업 기준, 연결 기준은 +4억 원)가 됐다.

이제는 기업이 사회의 기대에 부응하지 못하는 행동을 하면 소비자들이 즉각적인 행동에 들어간다. 그리고 그 영향은 단기에 그치지 않고 장기간 지속되며, 기업의 새로운 아이덴티티로 각인된다. 따라서 ESG 기준이 이익을 즉각적으로 높이지 못하더라도 기업 입장에서는 ESG 표준을 높이는 노력을 지속할 수밖에 없다.

기업의 가치를 평가할 때도 이제 더는 재무적 성과만을 기준으로 삼지 않는다. 재무적 성과뿐만 아니라 환경, 사회, 지배구조 같은 비재무적 성과도 투자 판단의 기준으로 삼는다. 궁극적으로 기업도 사회 구성원의 일부로서 사회 발전에 선한 영향력을 발휘해야 한다는 요구를 반영하여 가치를 평가하는 것이다. 이에 주요 기업들은 ESG 경영 현황을 설명하는 보고서를 앞다투어 발간 중이다. 2016년에 지속 가능 보고서(ESG 관련 현황 정리)를 발간한 기업은 130개였으나, 2019년에는 136개로 늘었고, 2021년에는 150개를 넘어설 것으로 보인다. 보고서의 작성 여부는 기업의 자율에 맡겨져 있지만 사회적 분위기가 ESG에 집중되다 보니 대부분 의무사항으로 받아들이는 추세다. 매년 내용이 더욱 세세해지고 있으며, 보고서 분량 역시 늘어나고 있다. 실제로 기업 내부에서는 감사보고서에 비견할 만큼 중요도를 높게 보고 있다.

사회와 환경에 유익한 기업에만 투자합니다

그런데 중요도가 높아진 만큼 투자자들의 돈도 ESG를 따라 이동하고 있을까? 실제로 글로벌 펀드 시장에서도 ESG를 고려한 투자가 증가하고 있다. 국민연금은 운용 원칙에 ESG를 명시하고, ESG 관련 투자 비중을 현재 4%에서 60%까지 확대하고, 운용 자금도 현재 32조 원에서 향후 450조 원까지 확대할 계획이다. 주요 연기금들도 투자 결정에서 ESG 현황을 중요한 기준으로 삼고 있다. 금융시장의 대표적 큰손인 연기금들이 ESG에 대한 중요도를 높게 평가하다 보니, 그들의 자금을 위탁받아 운용하는 글로벌 주요 자산운용사들 역시 ESG 등급이 높은 기업들로만 포트폴리오를 구성하는 펀드 실정이 늘고 있다.

실제로 2019년 이후 사회적 책임 투자 관련 펀드에 자금 유입이 증가했다. 특히 2020년 코로나바이러스 확산 이후 유입 규모가 더 커졌다. 주목할 것은, 전체적으로 자금 유입이 확대되는 중에도 ESG 기준 저등급 펀드에서는 자금이 유출되고 있다는 점이다. 글로벌 펀드 평가사인 모닝스타Morningstar는 ESG를 기반으로 펀드에 편입된 기업의 지속 가능성 등급을 평가하는데, 총 5개 등급 중 하위 2개 등급에 속한 펀드에서는 두드러진 자금 유출이 확인됐다.

정리해보면, 환경에 대한 경각심이 높아지고, 환경규제(환경오염을 일으키는 행위를 줄이기 위해 강제력을 가지고 규제하는 것)와 환경보호에 가치를 부여하는 기업들에는 앞으로 무한한 혁신과 기업 가치 변혁의 가능성이 열릴 것으로 보인다. 모든 기업의 사업에는 '이산화탄소 배출량 감축'이라는 목표가 주어지고, 그 파급력이 죽은 산업을 살리고 저성장 산업을

표 8-18 ESG 항목별로 계량화할 수 있는 가치

성장	신규 시장	ESG 프로그램을 통해 신규 시장 진입
	신제품	충족되지 않고 있는 사회적 필요를 해결함으로써 차별화 증진
	신규 고객/시장점유율	소비자와의 긴밀한 관계, 소비자의 기대 및 행태에 대한 친숙도
	혁신	충족되지 않고 있는 사회 혹은 환경적 필요에 대해 최첨단 기술 및 혁신적 제품·서비스 제공. 이러한 제품·서비스를 비즈니스 목적으로 사용 예) 특허, 독점 지식
	평판/차별화	브랜드 로열티 제고, 평판 및 이해관계자와의 관계 증진
자본수익률	운영 효율성	환경 친화적 운영 및 관행을 통한 수익성 제고 및 비용 절감 예) 에너지, 수자원 효율성, 원자재 수요 축소
	인력 효율성	ESG를 통한 직원 사기 진작, 퇴사 혹은 채용 관련 비용 절감
	평판/가격 프리미엄	ESG 활동에 참여해 인재 역량 강화, 생산성 제고 평판 제고를 통해 고객들이 기꺼이 높은 가격 혹은 프리미엄을 지불하게 함
리스크 관리	규제 리스크	규제 요건, 산업 표준을 준수하고 NGO의 요구를 수용해 리스크 수준 감소
	대중의 지지	사업을 운영하고, 신규 시장에 진입하며, 지역 사회의 저항을 줄이는 역량
	공급망	지역 사회 복지 및 개발에 참여·투자해 안전하고 높은 품질의 원자재/제품을 일관되고 장기적으로 지속 가능하게 확보할 수 있는 역량
	평판 리스크	부정적 여론 및 보이콧 방지
경영 품질	리더십 개발	ESG 프로그램에 참여해 직원들의 리더십 역량 강화
	적응력	현지 지역 사회와의 관계를 통해 변화하는 정치 및 사회적 환경에 적응하는 능력
	장기적인 전략적 시각	ESG 이슈를 망라하는 장기적 전략

출처: 유안타증권

고성장 산업으로 유도하며, 다 같이 더불어 사는 환경 속에서 조금 더 돌보며 살아가는 것을 일상적으로 만들면서 무한대의 가치 창출로 이어질 것이다. 따라서 우리는 환경 변화에 적극적으로 대응하는 산업 및 기업군에 주목할 필요가 있다.

ESG 투자에 대한 관심은 앞으로 더 확대될 것이다. ESG에 높은 표준을 두고 실행하는 기업은 평판 리스크에 덜 노출되고 소비자를 팬덤으로 이끌 수 있으며, 궁극적으로 경영의 지속 가능성이 커진다. 이것은 투자자 입장에서 사업 또는 매출 변화 위험은 낮고 안정적인 성장이 지속된다는 것을 의미한다. 소비 활동의 핵심 주축이자 소비를 자신의 소신과 가치 표현 통로로 활용하는 MZ세대에게 ESG는 특히 중요성이 크다. 따라서 우리는 ESG 관련 ETF에 주목해야 한다.

📈 추천종목: ICLN US EQUITY(표 8-19)

- **투자 포인트**: 친환경(바이오 연료, 에탄올, 수력발전, 태양열, 풍력 등) 관련 글로벌 청정에너지 회사에 집중 투자하는 ETF다. 에너지 생산 기업뿐만 아니라 기술 보유, 장비 개발 기업도 포함한다. 미국 비중은 40% 이내이고, 뉴질랜드·덴마크·스페인 등 다른 국가에 분산 투자된 비중이 60%로 지역별 분산이 잘되어 있다. 친환경에 대한 글로벌 규제가 더욱 강화된다는 점을 고려할 때 매력적인 투자처다.

- **리스크 요인**: ETF에 편입된 기업 수가 30종목으로 제한적이고, 상위 10개 종목의 점유율이 50% 가까이 된다. 지역별 분산은 잘되어 있지만 종목별 분산 투자 효과는 제한적이다.

📈 추천종목: ESGU US EQUITY(표 8-20)

- **투자 포인트**: 중장기적으로 ESG가 투자 기준에서 상당히 중요한 필터링 요소가 된다. ESGU ETF는 MSCI USA 지수 편입 종목 중 환경, 사회, 거버넌스 관련 평가가 우수한 기업에 선별하여 투자한다. 담배, 무기, 거버넌스상의 문제가 있는 기업들은 포트폴리오에서 완전히 배제하는 것을 원칙으로 운용된다.

- **리스크 요인**: 상장된 기업 대부분이 ESG 기준을 강화하는 추세이고 시가총액 상위 기업들은 대부분 ESG 등급이 높다. 이에 실질적인 포트폴리오는 미국 주가지수 추종 ETF와 유사하다.

📈 추천 종목: ESGE US EQUITY(표 8-21)

- **투자 포인트:** ESGU의 신흥국 버전 ETF다. MSCI 신흥국 지수MSCI Emerging Index 편입 종목 중 ESG 특성이 강한 대표 종목을 편입한다. 홍콩 비중이 약 32%로 가장 많고, 대만과 한국 비중이 각각 15% 가까이 되며, 인도·중국 등 나머지 신흥국 비중이 40% 정도로 고르게 분산된다.

- **리스크 요인:** 상장된 기업 대부분이 ESG 기준을 강화하는 추세이고 시가총액 상위 기업들은 대부분 ESG 등급이 높다. 이에 실질적인 포트폴리오는 MSCI 신흥국 주가지수추종 ETF와 유사하다.

📈 추천 종목: KODEX MSCI KOREA ESG 유니버설(289040 KS EQUITY, 표 8-22)

- **투자 포인트:** 코스피 및 코스닥에 상장된 종목 중 MSCI ESG 등급을 기초로 포트폴리오에 편입하는 ETF다. 환경, 사회, 지배구조 면에서 지속적 성장이 가능한 기업에 분산하여 투자한다. 최근 1년 사이에 ESG 테마 ETF로의 자금 유입이 5배 이상 늘어났으며 앞으로도 중요한 투자 테마가 될 것으로 예상된다.

- **리스크 요인:** 시가총액 상위 기업들은 대부분 ESG 등급이 높다. 따라서 향후 투자 시 관점은 ESG 등급이 상향 조정되느냐보다는 ESG 등급이 낮아질 위험이 있는지에 두어야 한다.

표 8-19 ESG 테마: ICLN US EQUITY

원 포인트 레슨

글로벌
친환경 기업에
투자

ESG	1		
티커	ICLN US EQUITY		
종목명	ISHARES GLOBAL CLEAN ENERGY		
운용사	Blackrock		
기본 정보	펀드자산(10억 달러)	편입 종목 수(개)	비용(%)
	6	44	0.46
펀드플로(100만 달러)	2019년	2020년	2021년 연초 이후
	188	2,626	2,182
연평균 수익률(%)	지난 5년	지난 3년	지난 1년
	23	36	126

투자 지역 및 비중(%)

미국	26.3
스페인	11.0
덴마크	8.9
캐나다	8.6
뉴질랜드	8.3

투자 업종 및 비중(%)

Energy-Alternate Sources	53.4
Electric	39.6
Chemicals	3.9
Machinery-Constr&Mining	2.1
Sovereign	0.1

상위 10개 종목

기업명	종목코드	보유 비중(%)	산업	시가총액(10억 달러)	PER(배)	배당수익률(%)
플러그 파워	PLUG US	8.3	신재생 에너지	14	-	-
인페이즈 에너지	ENPH US	5.8	신재생 에너지	21	75	-
페어분트 A BEARER	VER AV	5.0	전기 유틸리티	23	38	1.1
다초 뉴 에너지 - 예탁증서	DQ US	4.9	신재생 에너지	5	15	-
메리디언 에너지	MEL NZ	4.5	전기 유틸리티	15	58	2.9
지멘스 가메사 리뉴어블 에너지	SGRE SM	4.4	신재생 에너지	20	64	-
신이 광능 공고	968 HK	4.1	신재생 에너지	114	18	2.0
외르스테드	ORSTED DC	4.0	전기 유틸리티	425	51	1.1
컨택트 에너지	CEN NZ	4.0	전기 유틸리티	6	37	4.9
베스타스 윈드 시스템스	VWS DC	3.9	신재생 에너지	240	37	0.7
상위 10개 종목 비중		49%				

표 8-20 ESG 테마: ESGU US EQUITY

원 포인트 레슨
ESG
글로벌 베스트는
나아나!

ESG	2
티커	ESGU US EQUITY
종목명	ISHARES ESG AWARE MSCI USA
운용사	Blackrock

기본 정보	펀드자산(10억 달러)	편입 종목 수(개)	비용(%)
	16	350	0.15
펀드플로(100만 달러)	2019년	2020년	2021년 연초 이후
	1,191	9,582	1,667
연평균 수익률(%)	지난 5년	지난 3년	지난 1년
	-	19	56

투자 지역 및 비중(%)

미국	96.7
아일랜드	1.3
영국.	1.0
스위스	0.4

투자 업종 및 비중(%)

Internet	11.9
Software	10.5
Computers	7.6
Semiconductors	5.3
Banks	5.1

상위 10개 종목

기업명	종목코드	보유 비중(%)	산업	시가총액(10억 달러)	PER(배)	배당수익률(%)
애플	AAPL US	5.9	기술 하드웨어	2,217	30	0.6
마이크로소프트	MSFT US	5.0	소프트웨어	1,928	34	0.9
아마존 닷컴	AMZN US	3.7	이커머스	1,678	70	-
알파벳 Class A	GOOGL US	2.2	인터넷 미디어 & 서비스	1,516	32	-
페이스북 Class A	FB US	1.8	인터넷 미디어 & 서비스	860	27	-
테슬라	TSLA US	1.5	자동차	703	166	-
제이피모간체이스	JPM US	1.3	은행	458	13	2.4
알파벳 Class C	GOOG US	1.3	인터넷 미디어 & 서비스	1,516	33	-
존슨앤드존슨	JNJ US	1.1	바이오 & 의약품	421	17	2.5
비자 Class A	V US	1.1	기술 서비스	490	38	0.6
상위 10개 종목 비중	25%					

표 8-21 ESG 테마: ESGE US EQUITY

ESG	3	원 포인트 레슨
티커	ESGE US EQUITY	**ESG 신흥국 베스트는 나야 나!**
종목명	ISHARES INC ISHARES ESG AWAR	
운용사	Blackrock	

기본 정보	펀드자산(10억 달러)	편입 종목 수(개)	비용(%)
	7	357	0.25
펀드플로(100만 달러)	2019년	2020년	2021년 연초 이후
	373	4,157	823
연평균 수익률(%)	지난 5년	지난 3년	지난 1년
	-	7	54

투자 지역 및 비중(%)		투자 업종 및 비중(%)	
중국	34.1	Internet	19.0
대만	15.4	Semiconductors	13.9
한국	13.6	Banks	12.0
인도	9.2	Diversified Finan Serv	6.9
남아프리카	4.1	Oil&Gas	5.4

상위 10개 종목

기업명	종목코드	보유 비중(%)	산업	시가총액(10억 달러)	PER(배)	배당수익률(%)
타이완 반도체 제조	2330 TT	7.0	반도체	15,869	27	1.6
텐센트 홀딩스	700 HK	6.0	인터넷 & 미디어 서비스	5,982	33	0.3
알리바바 그룹 홀딩 - 예탁증서	BABA US	5.4	이커머스	649	23	-
삼성전자	005930 KS	4.2	기술 서비스	498,477	13	1.7
Meituan Class B	3690 HK	2.1	이커머스	1,684	-	-
내스퍼스 N Ordinary	NPN SJ	1.3	인터넷 미디어 & 서비스	1,548	-	0.2
중국 핑안보험 집단 H Share	2318 HK	1.3	보험	1,676	-	2.8
중국건설은행 H SHARE	939 HK	1.1	은행	1,665	6	5.9
하우징 디벨롭먼트 파이낸스	HDFC IN	0.9	전문금융	4,533	-	0.8
인포시스	INFO IN	0.9	기술 서비스	5,953	27	1.9
상위 10개 종목 비중		**30%**				

표8-22 ESG 테마: KODEX MSCI KOREA ESG 유니버설(289040 KS EQUITY)

원 포인트 레슨

ESG
한국 베스트는
나아나!

ESG	4
티커	289040 KS EQUITY
종목명	SS KODEX MSCI KR ESG UNV ETF
운용사	Samsung

기본 정보	펀드자산(10억 원)	편입 종목 수(개)	비용(%)
	33	109	0.36
펀드플로(100만 원)	2019년	2020년	2021년 연초 이후
	-3,434	4,476	2,553
연평균 수익률(%)	지난 5년	지난 3년	지난 1년
	-	13	77

투자 지역 및 비중(%)	
한국	100.0

투자 업종 및 비중(%)	
Semiconductors	36.0
Internet	8.6
Telecommunications	5.1
Chemicals	4.7
Diversified Finan Serv	4.1

상위 10개 종목

기업명	종목코드	보유 비중 (%)	산업	시가총액 (10억 달러)	PER (배)	배당수익률 (%)
삼성전자	005930 KS	23.6	기술 서비스	498,477	13	1.7
SK하이닉스	000660 KS	8.7	반도체	100,100	12	0.8
네이버	035420 KS	3.9	인터넷 미디어 & 서비스	64,391	47	0.1
삼성SDI	006400 KS	3.7	기술 하드웨어	47,516	41	0.1
카카오	035720 KS	3.0	인터넷 미디어 & 서비스	54,145	81	0.0
삼성전자(우)	005935 KS	3.7	기술 서비스	61,634	-	1.9
LG전자	066570 KS	3.1	기술 서비스	27,329	13	0.7
신한금융지주	055550 KS	3.1	금융	19,321	5	4.0
LG화학	051910 KS	3.1	화학	62,757	28	1.1
포스코	005490 KS	2.2	철강	30,123	10	2.3
상위 10개 종목 비중		58%				

자동차를 지우고 모빌리티를 입히다:

모빌리티, 전기차, 2차전지

△
△
△

기존의 자동차, 운송 업종은 모빌리티라는 새로운 색깔을 입고 다양한 플랫폼을 통해 개인 시장(퍼스널 모빌리티)에 깊게 침투하고 있다. 모빌리티mobility는 원래 '이동성'을 뜻한다. 그런데 최근에는 '이동'이라는 콘셉트를 가진 모든 서비스를 지칭하는 개념으로 확장되어 쓰이고 있다. 특히 플랫폼을 통해 제공되는 이동 서비스는 그 자체가 하나의 새로운 서비스군을 형성하며 발전하고 있다.

모빌리티로 인해 자동차 회사의 비즈니스 모델이 빠르게 바뀌고 있다. 플랫폼, 5G, 친환경을 모두 더한 시너지가 자동차에 집중되고 있다. 앞으로 자동차는 소유와 이동 수단의 개념을 벗어나 '모빌리티'라는 새로운 영역으로 진입할 것이다. 이런 변화는 단계적 발전이라기보다는 비약적 발전인 퀀텀 점프quantum jump에 가까우며, 아예 새로운 비즈니스 모델로 봐도 무방하다. 궁극적으로 사람과 물류의 이동은 땅에만 머물지 않을 것이며, 모빌리티는 땅과 사람에 의존하지 않고 공간과 물류 시스템 전체를 포괄하는 개념으로 확장될 것이다.

앞으로 자동차는 목적지(점)와 목적지(점)를 잇는 단순한 이동 수단이 아니라 점과 점 사이의 시간과 공간을 메꾸는 기능을 할 것이다. 우리 삶에서 제2의 사무실이자 여행 자체의 공간, 엔터테인먼트를 즐기는 공간이 될 것이다. 전기차, 모빌리티, 자율주행까지 이어지는 자동차 테마는 앞으로 수십 년간 공간과 이동에 대한 패러다임을 송두리째 바꾸는 중요한 키워드가 될 것이다.

테슬라가 보여준 미래의 자동차

2020년 글로벌 주식시장은 테슬라에 열광했다. 전 세계 자동차 판매량에서 전기차 판매량은 아직 약 2.6%(210만 대)에 불과하고 2020년 테슬라가 판매한 전기차 판매량은 약 50만대로 전 세계 자동차 판매량의 1% 수준이다. 그런데도 투자자들이 테슬라를 사랑하는 이유는 그동안 꿈으로만 여겼던 미래가 환경규제 강화, 에너지 전환 가격 하락, 자동차 플랫폼의 진화, 자율주행의 비전, 모빌리티의 현실화 등 글로벌 전반적인 제도 변화 및 기술 진보와 만나 현실로 가까이 다가왔기 때문이다. 이로써 '미래차=테슬라'라는 독보적인 지위가 구축되었다.

2020년 세계 공통적 소비 패턴은 내구재 소비 확대다. 내구재는 보통 일상생활에 필요한 제품 중 교체 주기가 긴 재화를 의미하는데, 자동차는 내구재의 가장 대표적인 상품이다. 팬데믹 공포가 극심한 상황에서 사람들은 왜 자동차를 많이 샀을까? 아마도 집 밖은 점점 바이러스 공포로 위험해지고, 집 안에만 있기엔 답답하고, 안전하게 있을 나만의 공간을 만들고자 하는 욕구가 자동차 수요로 형성되었을 것이다. 사람의 기억은 그 공간에서 기억하는 양에 비례한다. 차 안에서 보내는 시간이 늘어난다는 것은 차에서 보내는 시간의 가치가 높아짐을 의미하고, 기존의 자동차에 요구해온 것과는 다른 기대치를 만들어가고 있다.

테슬라는 전기차를 기반으로 자율주행을 입힘으로써 자동차를 운송 수단이 아닌 기억과 경험을 넓히는 공간으로 바꾸고 있다. 테슬라가 가진 수많은 기술적 우위는 궁극적으로 사람들이 자동차에서 보내는 시간의 가치를 높이는 데 쓰일 것이다. 테슬라가 보여준 자동차의 미래는 네모난 프레임 안에서 누릴 수 있는 삶의 가치 극대화다.

전통적인 분석 프레임으로 기업을 바라보면 테슬라의 주가는 설명하기 힘들다. 예컨대 '기존 자동차 회사의 평균 PER이 10배인데, 테슬라는 50배니까 비싸다'라는 관점이다. 숫자를 활용하기 때문에 왠지 합리적인 듯이 보이겠지만 이런 관점은 '나의 소비가 미래 환경에 도움이 된다는 자부심으로 소비하는 사람들'을 이해하지 못한 접근이며, 자동차가 만들어가는 새로운 모빌리티에 대한 가치를 충분히 인식하지 못한 결과다.

자동차 업계에서 분석하는 전기차 침투율은 아직 4%에 못 미친다. 2020년 이전에 예상된 전기차의 침투율은 2025년 18%, 2030년 29% 수준이었으나, 배터리 혁신과 테슬라 효과로 전망치가 최소 3%p 이상 높

표 8-23 글로벌 자동차 및 전기차 시장 전망

(단위: 1,000대, %)

		2018	2019	2020F	2021F	2022F	2023F	2024F	2025F
승용차 시장	미국	17,305	17,576	15,985	16,784	17,288	17,634	17,634	17,634
	유럽	16,217	16,359	14,991	15,591	16,059	16,380	16,400	16,500
	중국	28,081	25,769	25,000	26,000	26,500	27,000	27,500	28,000
	기타	36,282	35,082	35,082	35,783	36,499	37,229	37,973	38,733
	계	97,885	94,785	91,058	94,159	96,346	98,243	99,507	100,867
전기차 보급률	미국	2.0	1.9	3.4	5.0	8.5	10.7	13.0	15.6
	유럽	2.4	3.6	10.0	16.0	20.0	22.0	25.0	27.0
	중국	3.9	4.1	5.2	6.7	8.1	10.7	13.8	17.3
	기타	0.6	0.4	1.0	2.0	5.0	8.0	10.0	12.0
	계	2.1	2.2	4.1	6.2	9.0	11.6	14.1	16.6
전기차 판매량	미국	350	332	545	840	1,465	1,886	2,287	2,754
	유럽	386	587	1,499	2,495	3,212	3,604	4,100	4,455
	중국	1,107	1,061	1,312	1,741	2,156	2,885	3,798	4,843
	기타	206	135	351	716	1,825	2,978	3,797	4,648
	계	2,049	2,115	3,707	5,791	8,657	11,353	13,983	16,699

※ 전기차 = 배터리전기차+플러그인하이브리드카

출처: 미래에셋증권

그림 8-9 중국 전기차 판매량 및 침투율 전망

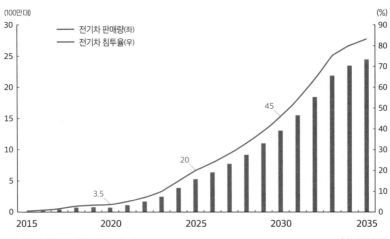

※ 전기차 = 배터리전기차+플러그인하이브리드카

출처: 미래에셋증권

아질 전망이다.[19] 이에 폭스바겐, BMW, 다임러, 볼보도 2021년 초부터 전기차 모델을 신규로 출시하며 전기차 경쟁에 뛰어들고 있다. 전기차에 대한 상징성에서 상품성으로 선택의 범위가 넓어지고, 시장 침투율 증가 속도가 예상보다 빨라질 수 있다. 이런 측면에서 자동차 산업은 구경제의 정체된 산업이 아닌 신경제를 주도하는 성장 산업으로 분류해야 한다.

모빌리티 끝판왕은 자율주행

앞으로 새롭게 자동차를 사는 사람들은 가성비나 스펙만으로 구입 결정을 내리지 않을 것이다. 자동차 공간 내에서 만들 수 있는 새로운 경험이 무엇이고, 어떤 서비스를 받을 수 있는지를 기준으로 선택하게 될 것이다. 따라서 자동차는 모터가 달린 이동 수단을 넘어 사람의 이동을 포괄하는 그 무엇의 형태인 모빌리티로 존재하게 된다.

모빌리티 산업의 발전은 사람의 이동 자체에 그치지 않고, 사람이 이동하거나 이동함으로써 발생할 수 있는 모든 행동에 경제적 가치를 부여하는 것으로 확장된다. 그리고 이 모든 행동을 쉽게 하도록 해주는 플랫폼을 통해 개인의 행동이 데이터화되고, 그것이 또 다른 가치 창출로 확산된다. 결국 사람이 만들어낼 수 있는 데이터의 집합이 모빌리티에서도 핵심적인 경쟁력이 되는 것이다.

새로운 시장의 형성은 곧 투자로도 이어진다. 페이스북과 페이팔은 동남아 승차공유 업체 고젝Gojek에 투자하면서 SNS 앱을 통한 디지털결

---

19 미래에셋증권, 박연주, "테슬라가 바꾸는 세상", 2020.11

제 시스템을 준비하고 있다.

　모빌리티에 대한 투자는 간접투자에 그치지 않는다. 애플, 구글, 아마존 등은 모빌리티의 끝판왕인 자율주행[20]을 목표로 전기차 생산 관련 전략적 제휴를 맺고 있다. 이들이 애플카, 구글카, 아마존카를 준비하는 것은 결국 자율주행이 만들어갈 새로운 모빌리티 시장을 선점하기 위한 투자다. 자율주행을 위해서는 안정적인 전력 공급이 필요하고, 그 기반을 전기차로 두었을 때 비용 대비 에너지 효율을 가장 높게 구현할 수 있다. 이에 전기차는 자율주행을 위해 반드시 필요한 플랫폼이고, 자율주행은 모빌리티의 가장 핵심적인 기능이 된다. 전통적인 자동차 기업뿐만 아니라 신흥 전기차 기업, 2차전지 기업, 반도체 기업, IT 및 소프트웨어 기업 등도 업종 장벽을 넘어선 전쟁을 준비하고 있다. 결국은 전기차·모빌리티의 끝판왕인 자율주행의 영역에서 진검승부가 이뤄질 것으로 보인다.

전기차의 심장, 2차전지

　모빌리티의 가장 기본은 안정적인 전력 공급에 있다. 차세대 모빌리티 연료는 친환경 콘셉트에 맞게 다양한 라인업이 이루어질 것이나, 대체연료에 대한 시험과 연구가 안정되기 전까지 2차전지는 내연기관을 대체하는 거의 유일한 상용 에너지가 된다. 이에 2차전지와 모빌리티 혁신은 차세대 성장 산업으로서 폭발적인 시너지를 낼 것으로 기대된다.

20　Strategy Analytics에 따르면, 미국 자동차공학회 기준 레벨4(사람의 조작 없이 단독주행이 가능한 단계) 이상 자율주행 기능이 본격적으로 상용화되는 시점은 2030년경으로 전망된다.

자율주행을 목표로 하는 전기차의 경우에는 자동차의 운행과 소프트웨어의 안정적 구동을 위해 저비용의 안정적 연료를 미리 확보하는 것이 우선이다. 전기차의 성능이 높아질수록 2차전지와 그 연료인 리튬에 대한 수요는 높아질 것이다. 전기차뿐만 아니라 소형 모빌리티에서도 전력을 안정적으로 공급하기 위해서는 2차전지의 탑재가 필수다. 이에 2차전지 기업의 주가 상승 및 2차전지 원재료인 리튬의 가격 상승은 투자 관점에서 함께 누리게 될 보너스다.

📈 추천 종목: DRIV US EQUITY(표 8-24)

- **투자 포인트:** 모빌리티에 해당하는 기업에 투자하는 ETF다. 전기자동차 EV 및 전기자동차 부품EVC, 자율주행 기술을 보유한 기업AVT 등에 투자한다. 벤치마크 지수는 EV 부문 글로벌 기업 중 상위 15개 기업을 대상으로 하고, EVC 부문 글로벌 상위 30개 기업, AVT 부문 글로벌 상위 30개 기업을 포함한다. 대표적인 편입 기업으로는 인텔, 알파벳, MS, 도요타, 엔비디아 등이 있다.

- **리스크 요인:** 2018년 4월에 상장된 ETF로 AUMAssets Under Management(운용 자산)이 아직 작은 편이다. 개인 투자자가 투자하기에는 유동성 이슈가 크지 않으나, 기관 자금이 들어오기에는 유동성 리스크가 있을 수 있다.

📈 추천 종목: LIT US EQUITY(표 8-25)

- **투자 포인트:** 리튬 채굴 및 리튬 배터리 생산 공급망과 관련된 글로벌 기업에 분산 투자하는 ETF다. 앞으로 10년 동안 전기차 보급률이 빠른 속도로 높아질 것으로 예상되며, 2차전지 가격은 앞으로 3년 이내에 내연기관보다 낮아질 것으로 기대된다. 전기차 제조 원가에서 배터리가 차지하는 비중이 약 25%로 크고, 전기차 산업이 아직 성장 초입 단계 산업이며, 연료 가격 하락이 전기차 상용화를 가속화할 수 있음을 고려하면 가격 하락에 따른 판매량 증대 효과를 기대할 수 있으리라고 판단된다.

- **리스크 요인:** 배터리 혁신은 리튬 배터리의 기회이자 위기도 될 수 있다. 전기차 시장의 성장이 빨라지면서 배터리 업체 간 경쟁도 치열해지고 있다. 특히 중국 기업들이 저마진 정책으로 시장점유를 강화하고 있다.

시장의 성장과 기업이익의 증가가 동행하는지를 점검할 필요가 있다.

📈 추천 종목: CARZ US EQUITY(표 8-26)

- **투자 포인트**: 전 세계 대표적인 자동차 제조 기업에 분산 투자하는 ETF
다. 일본 28%, 미국 25%, 독일 18%로 분산되어 있고 한국도 10% 정도
편입되어 있다. 자동차 시장의 패러다임이 전기차 및 자율주행으로 이
동하면서 기존 전통 자동차 기업들도 빠르게 비즈니스 모델을 개선 중
이다. 테슬라도 좋지만 기존 자동차 기업에서 창출하는 혁신의 기회도
기대할 수 있다.

- **리스크 요인**: ETF 편입 종목이 100% 자동차 제조업으로, 차세대 모빌리
티 기술을 가진 기업이나 부품 회사 등은 포함되지 않았다. 따라서 기술
혁신과 비즈니스 모델 변화의 일부만 누리게 된다는 단점이 있다.

📈 추천 종목: TIGER 2차전지(305540 KS EQUITY, 표 8-27)

- **투자 포인트**: 전기차의 심장에 투자하는 ETF다. 전기차 시장은 앞으로
5년 동안 5배 이상 성장하고, 침투율이 3~4%에서 15~20%까지 확대될
전망이다. 성장 배경은 신재생 에너지 확대 및 배터리 가격 하락, 세계
주요국 전기차 보조금 확대로 전기차 시장의 전환이 가속화될 것으로
예상된다는 점이다. 세계 배터리 시장은 상위 4개 업체가 시장의 80%를
과점하는 높은 진입장벽을 형성하고 있으므로 우리나라 기업들에는 상
당히 유리한 구조다.

- **리스크 요인**: 전기차 및 자율주행을 기초로 한 자동차 산업 변화의 패러

다임이 전 세계로 확산되고 있다. 그중 핵심 소재인 배터리는 전쟁이라고 표현할 만큼 경쟁이 치열해질 것으로 전망되므로 예상보다 마진이 축소될 위험이 있다.

📈 **추천 종목: 9845 HK EQUITY(표 8-28)**

- **투자 포인트**: 중국 전기차에 집중적으로 투자하는 ETF다. 중국은 2060년까지 자국 내 탄소 배출을 0%로 만들겠다고 선언했으며, 정책적으로 전기차 보급을 확대하고 있다. 또한 차세대 모빌리티에 자율주행까지 연결될 수 있도록 5G, 인공지능 기술에 지원을 확대하고 있다. 이에 CATL 같은 전기차 배터리 기업과 BYD, 길리자동차 같은 제조사의 성장도 기대된다. 아직 중국 내 전기차 신차 판매 비중은 3% 수준이며, 앞으로 15년간 연평균 20%가 넘는 성장이 기대된다.

- **리스크 요인**: 시장 성장성 또는 투자 기회에 대해서는 긍정적이다. 그러나 중국에 집중된 투자를 할 때는 정책 리스크, 기업 재무제표 신뢰성, 자금 유출입 제한 등의 우려를 배제할 수 없다.

표 8-24 모빌리티, 전기차, 2차전지 테마: DRIV US EQUITY

Mobility	1
티커	DRIV US EQUITY
종목명	GLOBAL X AUTONOMOUS&ELEC-ETF
운용사	Mirae Asset

원 포인트 레슨

전기자동차와
자율주행
기술 기업에 투자

기본 정보	펀드자산(10억 달러)	편입 종목 수(개)	비용(%)
	1	82	0.68
펀드플로(100만 달러)	2019년	2020년	2021년 연초 이후
	2	183	624
연평균 수익률(%)	지난 5년	지난 3년	지난 1년
	-	-	131

투자 지역 및 비중(%)		투자 업종 및 비중(%)	
미국	62.6	Semiconductors	21.9
일본	8.3	Auto Manufacturers	20.0
중국	4.6	Auto Parts&Equipment	11.7
독일	4.4	Internet	6.2
네덜란드	3.5	Mining	5.8

상위 10개 종목

기업명	종목코드	보유 비중(%)	산업	시가총액(10억 달러)	PER(배)	배당수익률(%)
인텔	INTC US	3.5	반도체	261	14	2.2
알파벳 Class A	GOOGL US	3.4	인터넷 미디어 & 서비스	1,516	32	-
마이크로소프트	MSFT US	3.2	소프트웨어	1,928	34	0.9
토요타자동차	7203 JP	2.8	자동차	27,873	10	2.6
엔비디아	NVDA US	2.8	반도체	380	46	0.1
애플	AAPL US	2.8	기술 하드웨어	2,217	30	0.6
퀄컴	QCOM US	2.5	반도체	153	18	2.0
테슬라	TSLA US	2.3	자동차	703	166	-
마이크론 테크놀로지	MU US	2.2	반도체	102	10	-
GE	GE US	2.2	기타	120	56	0.3
상위 10개 종목 비중		28%				

표 8-25 모빌리티, 전기차, 2차전지 테마: LIT US EQUITY

원 포인트 레슨

글로벌 전기차 배터리 기업에 집중 투자

Mobility	2		
티커	LIT US EQUITY		
종목명	GLOBAL X LITHIUM & BATTERY T		
운용사	Mirae Asset		
기본 정보	펀드자산(10억 달러)	편입 종목 수(개)	비용(%)
	3	50	0.75
펀드플로(100만 달러)	2019년	2020년	2021년 연초 이후
	-108	746	1,122
연평균 수익률(%)	지난 5년	지난 3년	지난 1년
	24	23	157

투자 지역 및 비중(%)	
미국	34.9
호주	11.41
캐나다	10.82
스페인	8.04
이탈리아	7.82

투자 업종 및 비중(%)	
Utilities	41.1
Industrials	40.2
Energy	18.6

상위 10개 종목						
기업명	종목코드	보유 비중(%)	산업	시가총액(10억 달러)	PER(배)	배당수익률(%)
앨버말	ALB US	12.3	화학	18	44	1.0
장시 간펑 리업 A Shares	002460 CH	6.3	금속과 채광	129	65	0.3
삼성SDI	006400 KS	5.5	기술 하드웨어	47,516	41	0.1
파나소닉	6752 JP	5.3	기술 서비스	3,484	13	1.4
이브 에너지	300014 CH	5.5	신재생 에너지	140	-	0.1
테슬라	TSLA US	5.1	자동차	703	166	-
소시에다드 퀴미카 이 미네라 데 칠레 - 예탁증서	SQM US	4.9	화학	13	49	0.1
Contemporary Amperex Technology Co Ltd	300750 CH	5.2	신재생 에너지	806	-	0.1
비야디 H Share	1211 HK	5.1	자동차	556	56	0.1
LG화학	051910 KS	4.7	화학	62,757	28	1.1
상위 10개 종목 비중		60%				

표 8-26 모빌리티, 전기차, 2차전지 테마: CARZ US EQUITY

Mobility	3
티커	CARZ US EQUITY
종목명	FIRST TRUST NASDAQ GLOBAL AU
운용사	FIRST TRUST

기본 정보	펀드자산(10억 달러)	편입 종목 수(개)	비용(%)
	56	33	0.7
펀드플로(100만 달러)	2019년	2020년	2021년 연초 이후
	-5	16	9
연평균 수익률(%)	지난 5년	지난 3년	지난 1년
	15	14	129

투자 지역 및 비중(%)		투자 업종 및 비중(%)	
미국	40.7	Industrials	33.6
캐나다	15.67	Utilities	25.6
일본	10.41	Telecommunications Services	18.1
호주	5.04	Energy	7.9
스페인	4.78	Financials	6.0

상위 10개 종목

기업명	종목코드	보유 비중 (%)	산업	시가총액 (10억 달러)	PER (배)	배당수익률 (%)
혼다자동차	7267 JP	8.7	자동차	6,054	9	2.5
제너럴 모터스	GM US	8.7	자동차	84	11	-
다임러	DAI GR	8.1	자동차	81	8	1.8
토요타자동차	7203 JP	8.0	자동차	27,873	10	2.6
테슬라	TSLA US	7.2	자동차	703	166	-
폭스바겐 PREFERENCE SHR	VOW3 GR	4.7	자동차	131	9	2.1
포르쉐 Preference Share	PAH3 GR	4.6	자동차	29	-	2.3
BMW COMMON SHR	BMW GR	4.2	자동차	56	9	2.2
기아	000270 KS	4.1	자동차	34,537	9	1.2
포드 모터 컴퍼니 Common Shares	F US	4.1	자동차	49	11	-
상위 10개 종목 비중		62%				

표 8-27 모빌리티, 전기차, 2차전지 테마: TIGER 2차전지(305540 KS EQUITY)

Mobility	4		
티커	305540 KS EQUITY		
종목명	MIRAE TIGER SECONDARY CELL		
운용사	Mirae Asset		
기본 정보	펀드자산(10억 원)	편입 종목 수(개)	비용(%)
	854	25	0.55
펀드플로(100만 원)	2019년	2020년	2021년 연초 이후
	22,202	216,531	370,526
연평균 수익률(%)	지난 5년	지난 3년	지난 1년
	-	-	178

원 포인트 레슨

전기차의 심장,
배터리에 투자

투자 지역 및 비중(%)	
한국	100.0

투자 업종 및 비중(%)	
Chemicals	21.9
Miscellaneous Manufactur	20.1
Electrical Compo&Equip	13.3
Oil&Gas	10.9
Telecommunications	9.5

상위 10개 종목

기업명	종목코드	보유 비중(%)	산업	시가총액(10억 달러)	PER(배)	배당수익률(%)
포스코케미칼 Ordinary Shares	003670 KS	12.5	건설자재	13,091	111	0.2
SKC	011790 KS	10.7	화학	5,642	37	0.7
삼성SDI	006400 KS	9.2	기술 하드웨어	47,516	41	0.1
LG화학	051910 KS	8.6	화학	62,757	28	1.1
SK이노베이션	096770 KS	7.9	석유 & 가스 생산	25,382	71	-
일진머티리얼즈	020150 KS	6.5	전기장비	3,500	42	0.3
에코프로비엠	247540 KS	6.5	신재생 에너지	3,892	53	0.2
솔브레인/신설	357780 KS	5.8	화학	2,385	-	0.6
에코프로	086520 KS	5.2	화학	1,424	21	0.5
엘앤에프	066970 KS	5.1	신재생 에너지	2,774	156	0.1
상위 10개 종목 비중		78%				

표 8-28 모빌리티, 전기차, 2차전지 테마: 9845 HK EQUITY

원 포인트 레슨

중국 전기차에
집중적으로 투자

Mobility	5		
티커	9845 HK EQUITY		
종목명	GLOBAL X CHINA ELECTRIC -USD		
운용사	Mirae Asset		
기본 정보	펀드자산(10억 달러)	편입 종목 수(개)	비용(%)
	1	21	0.68
펀드플로(100만 달러)	2019년	2020년	2021년 연초 이후
	-	272	476
연평균 수익률(%)	지난 5년	지난 3년	지난 1년
	-	-	105

투자 지역 및 비중(%)	
중국	100.0

투자 업종 및 비중(%)	
Electrical Compo&Equip	34.4
Electronics	15.9
Chemicals	13.3
Miscellaneous Manufactur	9.5
Mining	8.9

상위 10개 종목

기업명	종목코드	보유 비중 (%)	산업	시가총액 (10억 달러)	PER (배)	배당수익률 (%)
선전 이노방스 기술	300124 C2	9.9	전자, 전기 장비	138	56	0.2
Wuxi Lead Intelligent Equipment Co Ltd	300450 C2	9.8	신재생 에너지	74	60	0.2
이브 에너지	300014 C2	9.8	신재생 에너지	140	-	0.1
Contemporary Amperex Technology Co Ltd	300750 C2	9.2	신재생 에너지	806	-	0.1
장시 간펑 리업	002460 C2	9.1	채굴	129	65	0.3
비야디	002594 C2	9.0	자동차	467	69	0.1
신왕다 전자	300207 C2	6.0	기술 하드웨어	34	-	0.3
Weihai Guangwei Composites Co Ltd	300699 C2	5.6	화학	34	-	0.8
선전 캡켐 기술	300037 C2	5.2	화학	33	46	0.5
궈쉬안 고과	002074 C2	5.1	자동차	45	-	-
상위 10개 종목 비중		79%				

에필로그

당신의 미래가
안전했으면 좋겠습니다

△
△
△

2020년을 보내면서 동료들과 나눴던 대화를 떠올려봅니다. 가장 많이 나온 얘기는 "올 한 해는 정말 어떻게 지났는지 모르겠어"이고, 그다음에 단골처럼 이어지는 말은 대부분 "내년에는 어떡하지?"였습니다.

서울 아파트의 중위 가격은 어느새 9억 원에 근접했고, 국내 BBIG(바이오, 배터리, 인터넷, 게임) 관련 기업과 해외 FANGMANT(페이스북, 아마존, 넷플릭스, 구글, 마이크로소프트, 애플, 엔비디아, 테슬라)의 주가는 2~3배 이상 올랐습니다.

그러나 자산 가격이 이렇게 상승하는 과정에서도 수익을 충분히 누리지 못한 사람들이 많습니다. 시중에는 유동성이 엄청나게 풀리고 있다는데 왜 내 주머니에는 돈이 없는지…. 애꿎은 통장 잔고를 뒤적거리노라면 꽉 찬 대출잔액만 보이는 것도 우리네 보통 사람들에게는 당연한 모습입니다.

팬데믹을 겪으면서 한 가지 달라진 점은 40대 전후인 제 동료들 사이에서 은퇴와 노후 자금에 대한 이야기가 진지하게 오가기 시작했다는 것입니다. 금융업은 다른 업종에 비해 정년의 개념이 약하고 50대 전후에 대부분이 은퇴를 하다 보니 노후를 준비할 수 있는 시간이 길지 않습니다. 팬데믹을 겪으면서 이 시간이 더 짧아지거나 주변 환경의 변화로 미처 준비하지 못한 채 새로운 위험에 노출될 수 있다는 두려움도 이야기합니다.

금융권에서 십수 년을 근무했으니 연봉이 제법 높을 텐데도 가까운 스타벅스 대신 몇 블록 떨어진 '빽다방'을 가고, 그마저도 하루에 한 잔 이상은 안 마시려고 노력하는 친구들이 늘어나고 있습니다. 팬데믹이 보여준 불확실성과 공포는 결국 보복적 소비가 아닌 보복적 투자로 이어지고 있음을 의미합니다.

저는 올해로 금융권에 입문한 지 14년이 됐습니다. 2007년부터 2015년까지는 파생상품시장에서 금리·외환·주식 등 다양한 상품을 다루며 금융의 중심에서 매일 치열하게 살아왔고, 2015년 이후에는 리서치에 투자의견을 제시하며 시장에 대해 수없이 많은 고민을 글로써 말로써 전달하고 있습니다. 그런데 금융시장을 아직도 잘 모르겠습니다. 겸손하게 하는 말이 아닙니다. 정말로 금융시장에는 복잡한 요인이 복합적으로 작용하고 있기에 어떤 상황에서도 100% 확신을 가지고 안다고 단언할 수가 없습니다.

다만 제가 아는 확실한 한 가지가 있습니다. 우리는 현재 자산 규모의 격차가 급격히 확대되는 구간을 살아가고 있다는 것입니다.

조금 더 현실적으로 얘기해볼까요? 요즘 은행 예금이자는 연 1% 받기도 쉽지 않습니다. 최소한 12억 원을 예금해야 월 이자를 100만 원, 그것도 세전 이자 100만 원 정도를 겨우 받게 됩니다. 대한민국 중산층 월급이 약 350만 원인데, 만약 일하지 않고 이자소득으로 중산층 정도의 수입을 얻으려면 예금 통장에 40억 원 이상이 예치돼 있어야 합니다.

당신의 월급을 연 1%의 예금금리로 환산해보세요. 얼마를 예치해야 당신의 월급만큼 이자를 얻을 수 있습니까? 그리고 월급을 모아서 그만큼의 자본을 형성하려면 앞으로 몇 년이 걸릴까요?

우리는 근로소득만으로는 자산을 형성하기 힘든 시대를 살아가고 있습니다. 금융자산의 도움 없이는 은퇴 이후 삶을 대비할 방법이 없습니다. 투자에 게으르거나 투자하지 않는 위험을 안고 사는 사람들은 엄청나게 높은 기회비용을 매일 지불하며 사는 것이고, 그만큼 자산 규모의 격차도 빠른 속도로 확대되고 있습니다. 이제는 투자를 통해 양극화의 굴레를 최대한 벗어날 수 있도록 노력해야 합니다.

그런데 막상 투자를 하려고 하면 막막합니다. 많은 사람이 재무제표를 보고 주식 종목을 분석하고 장기 투자, 가치 투자를 하면 성공한다고 말합니다. 그런데 주식을 잘 모르는 사람이 바라보는 주식시장은 어렵고 복잡하고 빠르고 불확실합니다. 금융업에 종사하는 저에게도 어려운데, 금융업 외의 분야에 종사하는 사람들에게는 어떨까요. 아마도 대부분의 단어가 외계어로 들리지 않을까요?

이 책의 목표는 종목에 대해 아는 것이 전혀 없는 보통 사람들도 금융시장의 변화와 세상 돈의 흐름을 이해할 수 있도록 돕는 것입니다. 투자의 필요성은 알지만 방법을 잘 모르거나, 투자를 하고 있지만 끈기 있게 성과를 이뤄내지 못하는 사람들이 이 책을 통해 조금이라도 도움을 받는다면, 그분들께 오히려 제가 진심으로 감사할 것 같다는 마음으로 책을 썼습니다.

코로나 이후로 사회는 빠르게 변하고 있습니다. 돈을 버는 산업과 돈을 벌지 못하는 산업 간 격차가 커지고, 이 과정에서 변신을 도모하는 기업도 늘어나고 있지요. 미래를 준비하는 기업의 가치는 내러티브로 결정됩니다. 이는 과거의 실적보다는 향후 실적에 대한 전망이 얼마나 매력적이냐가 기업의 가치를 결정하게 된다는 뜻입니다. 급격히 변하는 기업의 비즈니스 환경에서는 아무리 대단한 애널리스트라도 미래 이익 추정치를 정확하게 뽑아내는 것은 불가능합니다. 비슷한 성향의 여러 기업이 각자 다른 방식으로 경쟁력을 형성하는 상황이라고 하면 어떨까요? 그 기업들 속에서 무엇이 더 좋고 어떤 것이 내재가치가 높은지 쉽게 말할 수 있을까요? 그리고 그 정확성은 얼마나 될까요?

사회 변화를 리드하는 기업들은 테마를 타고 군집합니다. 비슷한 성격을 가진 몇 개의 기업을 묶어 누가 더 좋은지 대장 뽑기를 합니다. 그중에 누가 대장이 될지는 단언하기 어렵습니다. 지금 우리가 할 일은 그 기업들 사이에 대장이 누군지를 판별하는 것이 아닙니다. 시대 변화의 맥락을 크게 잡고 해당 테마가 무엇인지를 파악하는 것이 투자의 첫 번째 단계입니다.

처음부터 프로처럼 투자에 임하다가는 예상치 못한 실패를 맛보기 쉽습니다. 어느 기업이 가장 똑똑할지 판별하는 혜안은 단시간에 형성되지 않기 때문입니다. 이런 방식의 투자는 테마에 대한 이해와 투자 경험을 충분히 쌓은 뒤에 실행하는 것이 좋습니다.

다행히 우리는 ETF라는 좋은 투자상품이 빠르게 성장하는 시대를 살아가고 있습니다. 산업별, 섹터별로 다양하게 분류된 ETF가 상장되어 있고 거래량도 늘어가는 추세입니다.

온·오프라인을 통해 얻을 수 있는 수많은 정보 속에서 산업의 흐름을 찾도록 노력하고, 세상의 변화에 집중하시기 바랍니다. 큰 맥락을 잡는 것이 핵심입니다. 종목은 모르겠고 투자는 하고 싶은 당신에게 ETF는 훌륭한 해답을 제공할 것입니다.

다시 한번 당부하건대, 이제는 달라야 합니다. 제2의 대공황이 될 수도 있었다는 코로나 팬데믹 이후에도 과거와 같은 방식으로 돈을 대해서는 안 됩니다. 지금 어떻게 결정하고 행동하느냐에 따라 삶의 궤적이 달라지는 경험을 하게 될 가능성이 큽니다. 이제 더는 가난해지도록 내버려 둬서는 안 되고, 무지한 상황을 유지해서도 안 됩니다. 투자에 대해 진지하게 고민하고 행동해야 하는 시기입니다.

살면서 투자 기회가 한 번도 없었던 사람은 없습니다. '그때 그걸 했어야 하는데…' 하고 아쉬워하는 시기가 적어도 한 번은 꼭 있죠. 이런 기회를 놓친 사람들은 두 가지 패턴을 보입니다. 첫째는 지금이라도 정신 바짝 차려서 올해부터는 잘 해보겠다고 결심하고 행동하는 사람이고, 두 번째는 이제는 자산 가격이 무너질 거라면서 두고 보라고 으름장 놓으며 열심히 행동하는 사람들의 힘을 빼는 사람입니다. 당신은 지난 2020년의 위기와 기회를 통해 투자 성과를 높였습니까? 혹시 기회를 놓쳤다면 두 가지 패턴 중에 어떤 결심으로 2021년을 살아가고 계신가요.

코스피가 박스피(박스권 안에서 10년 이상 머무른 상황 탓에 생긴 별명)를 벗어나 3000포인트를 돌파했고, S&P500 지수가 신고점을 경신하는 가운데 우리는 앞으로 투자를 어떻게 해야 할까요?

투자를 해야겠다는 결심이 섰다면, 세상의 변화가 눈에 잡히기 시작했다면, ETF로 시작하기를 권해드립니다. 당신은 할 수 있습니다. 우리는 모두 잘할 수 있습니다. 이 책이 당신의 삶에 안전판을 놓는 작은 도움이 되기를 바랍니다. 제가 겪은 무지함이, 제가 고민한 시장의 논리가, 당신의 인생에 작은 밑거름이 되길 바라면서 당신을 응원하겠습니다.

초보부터 초고수까지 누구나 쉽게 따라 하는 ETF 투자법

주식은 모르겠고 투자는 하고 싶어

초판 1쇄 발행 2021년 6월 3일
초판 2쇄 발행 2021년 6월 21일

지은이 구혜영
펴낸이 김선준

책임편집 마수미
편집1팀 이주영
디자인 김혜림
마케팅 조아란, 신동빈, 이은정, 유채원, 유준상
경영관리 송현주

펴낸곳 (주)콘텐츠그룹 포레스트 **출판등록** 2021년 4월 16일 제2021-000079호
주소 서울시 영등포구 국제금융로2길 37 에스트레뉴 1304호
전화 02) 332-5855 **팩스** 02) 332-5856
홈페이지 www.forestbooks.co.kr **이메일** forest@forestbooks.co.kr
종이 (주)월드페이퍼 **출력·인쇄·후가공·제본** 더블비

ISBN 979-11-91347-22-7 (03320)

(주)콘텐츠그룹 포레스트는 독자 여러분의 책에 관한 아이디어와 원고 투고를 기다리고 있습니다. 책 출간을 원하시는 분은 이메일 writer@forestbooks.co.kr로 간단한 개요와 취지, 연락처 등을 보내주세요. '독자의 꿈이 이뤄지는 숲, 포레스트'에서 작가의 꿈을 이루세요